AF489567

DEJAR IR

30 días

para aprender a soltar

Daniel J. Martin

ISBN 978-9916-746-09-7

Let it go, let it go.
Can't hold it back anymore.
Let it go, let it go.
Turn away and slam the door.
I don't care what they're going to say.
Let the storm rage on.
The cold never bothered me anyway.

— De la película *Frozen*.

ÍNDICE

¡Un regalo solo para ti!

¿Te gustaría leer **mi próximo libro completamente GRATIS**? ¡Escanea el código que aparece debajo y **apúntate a mi club de lectores**!

Te esperan grandes sorpresas: sé el primero en leer mis nuevos lanzamientos, escucha mis audiolibros de forma gratuita, consigue copias firmadas y dedicadas... ¡y mucho más!

INTRODUCCIÓN

¿A qué te aferras?

¿Te han dicho últimamente eso de que debes «dejarlo ir»? ¿Debes «soltar», como si se tratara de un globo de feria?

Hace años, cuando empecé a oír y a leer sobre lo de «dejar ir», me sentí bastante confundido. ¿Dejar ir el qué? ¿Y dónde? ¿Qué debemos soltar? Ahora que entiendo el concepto, comprendo también su absoluta necesidad.

Para empezar, debemos entender que, en psicología, soltar o dejar ir emocionalmente es un acto de amor propio. Lo hacemos porque es lo mejor para nosotros, le pese a quien le pese. Es un compromiso con nuestro propio bienestar, que realizamos al desprendernos de situaciones, episodios del pasado, vínculos, hábitos, personas, cosas o creencias que nos hacen daño y que ya no pueden formar parte de nuestra vida. Soltamos para abrazar cosas nuevas.

¿Por qué algunas cosas del pasado o, incluso, de nuestro presente, ya no pueden seguir con nosotros? Porque comprometen nuestro futuro. Y el problema es que nos aferramos a ellas porque nos dan un falso sentido de seguridad. Son la esencia de la zona de confort. Así que nos aferramos a ellas por miedo a no saber qué hacer sin ellas.

La vida es cambio

Cuando hablamos de «dejar ir», hay que tener en cuenta dos ideas básicas: la primera, que la vida es cambio. La segunda, que la vida es vinculación. Y ambas deben ser compatibles.

Desde que nacemos hasta que morimos, estamos cambiando sin parar: empezamos cosas nuevas y dejamos otras atrás. Lo hacemos cuando pasamos del gateo a los primeros pasos, cuando nos mudamos de casa, cuando iniciamos una nueva relación de pareja, etc. Es natural que sea así; la vida es evolución y nos empuja a seguir hacia adelante.

Por otro lado, la vida también es vinculación, ya que, en el camino, creamos vínculos: nos implicamos emocionalmente con personas, con experiencias, con lugares, con aprendizajes, etc. Esos vínculos son necesarios para nuestro desarrollo como individuos. Sin embargo, algunos de esos vínculos se vuelven tóxicos con el paso del tiempo y se convierten en grilletes. En vez de ayudarnos y darnos impulso para seguir creciendo, nos drenan la energía y nos nublan el camino.

¿Por qué no podemos dejar esos vínculos tóxicos, igual que en su día dejamos de gatear o de creer en la magia? Pues porque no siempre sabemos identificarlos como vínculos tóxicos ni sabemos cómo cortarlos debidamente. Y porque, como decía antes, interviene el miedo a no saber qué hacer sin ellos.

Las cadenas del miedo

El miedo es la señal de alarma que nuestro cerebro dispara ante una amenaza potencial. Su objetivo es protegernos. Así que, hasta cierto punto, el miedo es positivo y natural. El problema es que, como parte de ese instinto protector, nuestro cerebro sigue una estricta política anti-cambios: si hasta ahora hemos sobrevivido de una determinada manera, es mejor seguir así que arriesgarnos a probar algo nuevo.

Sin embargo, dejar ir no es saltar sin red, ni convertirnos en alguien que no somos. Tampoco significa convertirnos en personas conformistas o sin sentimientos, que reniegan de sus orígenes o de su propia identidad, todo lo contrario: es una toma de conciencia de todo lo que no nos permite crecer y ser nosotros mismos/as. Todo lo que no ayuda a crecer ocupa un espacio que no debería ocupar: en su lugar, deberíamos centrarnos en el presente y en cómo podemos trabajar en pro de un futuro esperanzador desde nuestras acciones. Algo que no podemos hacer si seguimos cargando pesos inútiles.

¿Necesitas un libro para dejar ir?

Soltar lastre no es fácil. Es fácil de entender, pero es difícil hacerlo desde nuestra parte más emocional. Implica hacernos preguntas incómodas sobre nuestros bloqueos, renunciar a cosas que nos hacían la vida cómoda, abrazar la incertidumbre... Así que es normal sentir temor a soltar las muletas con las que estamos acostumbrados a ir. Y estoy convencido de que este libro te ayudará.

Nada bueno va a entrar en nuestra vida si nada sale de ella. En algún momento hay que soltar las muletas. Porque el fin último de aprender a dejar ir es permitirnos ser libres y felices. Así que, si tú sientes que vives bajo presión, o que tu pasado pesa demasiado, tal vez tengas que aprender a soltar.

Así que este libro es para ti si...

- Tienes más emociones dolorosas que reconfortantes.

- Te cuesta tomar decisiones.

- Prefieres lo malo conocido antes que lo bueno por conocer.

- No sabes vivir sin tu pasado, sea bueno o malo.

- Has tomado malas decisiones por miedo, por el qué dirán o por obtener la tranquilidad inmediata.

- Llevas años estancando sin ser feliz.

- Te preguntas a menudo cuál es el sentido de tu vida.

- Tienes ansiedad o baja autoestima.

- Siempre estás preocupándote por el futuro.

- Siempre intentas controlarlo todo.

Si te has sentido identificado/a con algún punto de los que acabas de leer, mi guía te ayudará.

Qué aprenderás con este libro

Imagínate que nada de tu pasado te duele. Imagínate que el futuro no te da miedo. Imagínate que no te preocupa lo que los demás piensen de ti. Ni cumplir con las expectativas de nadie, ni que tu cuerpo empiece a mostrar los signos del paso del tiempo. Imagínate que cambias todo ese miedo, estrés, vergüenza y culpa por paz. Paz no porque nada te importe, sino porque tienes claro qué tiene utilidad y qué no.

Este libro te enseñará a soltar todo lo que te asfixia sin que te invada el miedo a «perder tu esencia» (eso no va a ocurrir, aunque quisieras). Si tienes esta guía en tus manos es porque sabes que es posible lograrlo. Y yo te prometo que, si trabajas conmigo siguiendo esta guía y haces los ejercicios propuestos, en 30 días tu vida va a empezar a cambiar. Te sentirás más ligero/a, más enfocado/a y más feliz contigo/a mismo/a.

¿Y por qué en 30 días?

Este libro sigue el método de 30 días que expuse en los libros anteriores de esta misma serie[1]. A lo largo de estos 30 días, abordo en cada jornada un aspecto relacionado con el tomar conciencia de lo que nos limita y te propongo un ejercicio para soltarlo. ¿Por qué un mes? Porque, por mi

---

[1] El primero de ellos fue *Quiérete mucho: 30 días para aprender a quererte*; y el segundo, *Estoicismo Moderno: 30 días para lograr más y sufrir menos*.

experiencia, todo proceso al que no se le pone una fecha de cierre tiende a alargarse hasta el infinito y más allá[2]. Y no nos podemos permitir llegar al infinito: no somos inmortales.

¿Significa eso que al terminar la última página de esta guía ya vas a ser libre como un pájaro para siempre? Ojalá fuera así, pero me temo que eso será solo el comienzo. El crecimiento personal y espiritual es como un músculo: no crece sabiendo la teoría, sino poniéndola en práctica.

Nada más por ahora, te invito a leer esta «guía» con la mente abierta y, al final, si quieres, nos reencontramos. Y recuerda: nunca

---

2 Por supuesto, no es necesario seguir estrictamente el orden propuesto, y se puede alargar el tiempo de lectura los días que sean necesarios. Pero yo propongo esta estructura porque 30 días es el periodo de tiempo adecuado para poner en práctica los recursos que te ofrezco en estas páginas.

es tarde para liberarte de cargas, aunque lleven contigo toda la vida.

¡Suelta lastre y volarás alto!

Daniel

Deja ir tus errores

¡Vaya! Resulta que, cuando hago repaso de mi vida, descubro que está llena de errores. ¿Cómo puedo equivocarme tantas veces?

La mayoría de nosotros odiamos cometer errores porque sentimos que esos errores definen lo que somos. Curiosamente, las personas que son más felices y triunfan en la vida también cometen errores, pero no se hunden con ellos. ¿Sabes por qué? Porque no se dejan definir por sus errores. Esas personas saben que no son sus errores.

Tú tampoco eres tus errores. Tus fallos son parte de tu camino, no de tu ADN. Y son inevitables: forman parte del aprendizaje de la vida. No vas a poder vivir sin equivocarte, por mucho que te esfuerces y por mucho que tengas la sensación de que la demás gente comete menos errores que tú (¡no es cierto!).

Con esto no estoy diciendo que no te esfuerces ni trates de buscar la excelencia. Como decía en la introducción, no se trata de ser conformistas. Lo que defiendo es que nuestra actitud hacia nuestros propios errores no siempre es la más inteligente.

Cada vez que nos equivocamos, tendemos a ir hacia uno de estos dos extremos:

- O bien negamos lo ocurrido (desoímos nuestras emociones negativas para que no nos dañen el ego e ignoramos el daño que hemos podido causar en los demás).

- O bien nos dejamos arrastrar por la culpa y el remordimiento durante largo tiempo, minando nuestra autoestima.

Obviamente, ninguna de las dos actitudes sirve para nuestro crecimiento personal. Porque aquí el único fallo es no aprender de los errores. Es la única cosa que no deberíamos permitirnos.

Tres aciertos para cada error

Se calcula que necesitamos tres aciertos para compensar emocionalmente un error de magnitud parecida. ¿Es justo que nos identifiquemos más con los errores que con los aciertos? Claro que no es justo. ¿Qué deberíamos hacer entonces?

Lo primero, recordarnos más a menudo esos aciertos. Estoy seguro de que, a menos que seas una persona de perfil narcisista, te vienen a la mente más a menudo los errores cometidos que los aciertos. Es posible, incluso, que quites importancia a los segundos.

Lo segundo, sacar un aprendizaje de cada error, quedarnos con la lección y olvidar la culpa. Y ojo, con esto no me refiero a que te digas: «Sí, me he equivocado, pero ¡qué le voy a hacer! Que se jodan los que se han visto afectados, ya no se puede hacer nada y yo no voy a cargar con la culpa». Eso no es soltar la culpa, eso es ser un/a irresponsable. Si tus errores han perjudicado a alguien, debes hacer lo posible por compensarlo. Más adelante te contaré cómo hacerlo.

Ejercicio del día

Perdonando los errores:

1. Imagina que conoces a una persona que vive con un gran dolor y vergüenza por un error que cometió en el pasado que no ha sabido superar.

2. Te gustaría ayudar a esa persona a sentirse mejor. ¿Te parece justo que esa persona viviera mortificada para siempre por es error? ¿Qué le dirías? Si puedes, ponlo por escrito.

3. Una vez hecho este ejercicio, ¿crees que podrías decirte eso mismo a ti por alguno de tus errores que más te avergüenzan? Inténtalo.

Suelta la necesidad de gustar

Las relaciones humanas son tan complicadas que a menudo dejamos de ser nosotros mismos/as para ser aceptados por la pareja, la familia o el grupo. Nos convertimos en personas complacientes, lo que en inglés llaman *people pleasers*.

Una persona complaciente es una persona que vive asustada. Es alguien con miedo a ser abandonado/a o a que «descubran» *sus grandes defectos*. Pero ninguna de esas dos cosas (ser abandonado o mostrar nuestros defectos) es tan dolorosa como vivir para gustar a los demás antes que a nosotros mismos.

A todos nos gusta complacer. De hecho, es necesario para convivir en sociedad y para el propio crecimiento personal: si tenemos invitados en casa, nos gusta complacerles. Si tenemos una pareja, nos gusta hacerla feliz con nuestros actos. Pero deben ser actos libres, no actos generados por el miedo a que esa persona se enfade o nos abandone.

¿Cuándo complacer a los demás es un acto libre y cuándo es fruto del chantaje emocional?

La diferencia está en la sensación que nos deja ese acto. Cuando lo hacemos, (por ejemplo, hacemos un favor que nos ha pedido un familiar), pueden suceder dos cosas:

- Que las emociones que nos deja nuestra acción sean positivas: nos sentimos orgullosos de haber hecho ese favor a esa persona y a gusto con nosotros mismos.

- Que las emociones ante nuestro propio acto sean más confusas: notamos alivio mezclado con inseguridad, pero también sensación de traición a nosotros mismos.

En el primer caso, es un acto libre. En el segundo caso, mucho ojo porque estamos siendo manipulados o actuamos llevados por el temor.

Cómo dejar de ser complaciente

Cuando hablo con algunos de mis clientes sobre esto, se dan cuenta de que llevan tanto tiempo siendo complacientes que ya lo tienen interiorizado. Ni se dan cuenta de que sistemáticamente intentan gustar a los demás a costa de sus propias necesidades. Otros pacientes sí se dan cuenta, pero creen que debe ser así para «evitar males mayores». Pero no es cierto. No hay que ser complaciente por sistema, y menos con gente que no lo merece. Porque hay una regla que siempre se cumple: cuando hay alguien excesivamente complaciente, hay uno o varios «buitres» a su lado, aprovechándose de su generosidad.

¿Cómo rompemos el ciclo?

1. Lo primero para dejar de ser complaciente es observar tu propio comportamiento ante los demás. Hay que comprobar cuántas veces fingimos gustos para estar en sintonía con alguien, cuántas veces callamos para evitar decepciones o mentimos sobre nuestras necesidades para que nadie se moleste...

2. Lo segundo, introducir pequeños cambios en nuestro comportamiento: expresar (con educación) que tal restaurante o serie de televisión no nos gusta, dejar de participar en actividades de otros si nosotros nunca tenemos la oportunidad de realizar las que queremos, expresar que tal cosa nos molesta, etc. Si nuestras iniciativas son descartadas por sistema, hay que asumir que, en ese lugar, no se nos está permitido ser nosotros

mismos/as. Y si solo nos quieren de una manera, en realidad no nos quieren de ninguna.

Ejercicio del día

Gustarte a ti antes que a nadie:

1- Imagina que, por principios, tú no comes carne. Imagina, también, que tienes una importante comida de empresa y que todo el mundo pide carne. Para ti es muy importante gustar y causar una buena impresión, así ¿qué haces?

2- Si decides saltarte tus principios, ¿cómo te lo justificarías a ti mismo? ¿Por qué crees que merece la pena?

3- Si crees que, en esta ocasión es más beneficioso para ti hacer lo que hacen los demás (es decir: comer carne), ¿cómo lo compensarás en el futuro en términos de integridad y autoestima?

Una crítica solo es una opinión

«¿Por qué deberíamos prestar tanta atención a
lo que piensa la mayoría?»

— Sócrates

Si quieres amargarte la vida, dedícate a
investigar lo que opinan de ti los demás: te
aseguro que es una fuente inagotable de
impotencia y frustración.

Vivir en sociedad significa estar expuesto a la
opinión de los demás. Pero debemos aprender a
vivir sin que la presión del grupo nos inmovilice.
Eso también es dejar ir.

¿Dónde está el punto de equilibrio entre la
necesidad de aceptación y el derecho a hacer
nuestro camino pese a las críticas? ¿Cuántas

habladurías, desprecios y discriminaciones hay que soportar cuando queremos defender nuestro propio criterio? ¿Y cuántas de esas críticas tienen realmente valor?

Las críticas no son ciencias exactas

Siempre vamos a ser criticados por alguien, hagamos lo que hagamos. Pero no todas las críticas valen lo mismo. Así que pregúntate de qué personas te fías, qué personas crees que tienen cierta autoridad en la materia en la que te han criticado. Luego, decide para tus adentros qué críticas NO tienen valor, bien porque crees que carecen de fundamento, bien porque crees que la única intención es perjudicarte. Esas últimas, simplemente, ignóralas.

Todos tenemos derecho a opinar y criticar, y todos tenemos derecho a no escuchar lo que diga gente que no nos importa.

Filtrar las críticas buenas

Ante una circunstancia en la que te han llovido las críticas o crees que te van a llover, pregúntate si tus acciones o principios que van a ser vilipendiados merecen que luches por ellos. Recuerda que muchas críticas suelen venir de gente envidiosa, mediocre y con miedo al éxito de los demás.

Sin embargo, sabes que algunas críticas están en lo cierto. Alguna gente critica con razón, por mucho que nos dé rabia admitirlo. Por eso es importante aprender a filtrar.

Mi consejo es escuchar todas las críticas y detectar las que llevan razón. Suelen proceder de personas que saben de lo que hablan y que no te ven como una amenaza, solo están disconformes. No tengas miedo ni vergüenza de atender a esas críticas, son las que te ayudarán a avanzar.

En cambio, da puerta a todos los que pretenden que no «te salgas del rebaño»: esa gente solo se siente intimidada por tu potencial y van a criticar hasta la evidencia más incuestionable con tal que tú te desgastes tratando de justificarte y argumentar en vez de enfocarte en lo tuyo. Déjalas ir.

«La tranquilidad que viene cuando dejas de preocuparte por lo que dicen» (Marco Aurelio).

Ejercicio del día

Exponte a las críticas:

1- Te invito a que hagas un experimento para exponerte a la desaprobación general: ponte una prenda de ropa demasiado llamativa o inadecuada para la estación del año en la que estás.

2- Pasa el día con esa prenda y acepta todas las críticas y comentarios negativos que te hagan. Dales la razón: «reconoce» que hoy has elegido mal la ropa.

3- Al finalizar el día, reflexiona: ¿sigues vivo/a? ¿Todo lo importante en tu vida, sigue intacto? ¿Has podido controlar tus emociones al sentirte cuestionado/a? Verás que ni es tan grave que te critiquen de vez en cuando ni lo podrás evitar aunque quieras.

Suelta tu pasado

Tu pasado no es tan importante. No digo que no haya sido doloroso para ti, ni que sea el pasado que te mereces: digo que, para continuar con tu vida, tu pasado no es tan importante. Porque tu pasado no determina tu futuro. Tu viaje hasta aquí no te obliga a seguir viajando de la misma forma.

Míralo así: ahora mismo, tu pasado ya no existe. Lo que existen son sus secuelas, sus recuerdos y la forma como te relacionas con ellos. Tu actitud hacia él. Pero el pasado ya no está aquí contigo.

Por qué cargamos con el pasado

Si eres como el 90% de la población mundial, arrastras heridas y traumas, tal vez desde la infancia. Son muy pocas las personas que llegan a la edad adulta sin haber recibido golpes duros. El problema no es solo lo que ocurrió: el problema es que no encontramos la forma de sanarlo y la mayoría de nosotros seguimos con esas heridas toda la vida, recordando el sufrimiento que nos provocó y pensando en la vida que podríamos haber tenido de no ser por ese suceso. Es natural y es humano sentirse así. Pero llega un momento en que hay que levantarse. ¿Sabes por qué? Porque debes ocuparte de algo más importante que tu pasado: tu futuro.

¿Cómo soltamos ese pasado?

El pasado es el lugar del que aprender, no el lugar donde vivir. Así que tendrás que trabajar para negarte a que siga sentándose a la mesa contigo y metiéndose en tu cama para amargarte hasta el último minuto de la jornada. Deja de recrearlo mentalmente, de hacerte preguntas, de inventar posibles finales alternativos, de usarlo como excusa para no cambiar... En vez de eso, aprende a ACEPTARLO.

Qué es la aceptación

La aceptación es la no involucración emocional en cosas que no podemos cambiar. Eso no significa no sentir nada hacia una desgracia o mostrarnos impasibles ante nuestro dolor o el dolor de otra persona: significa no caer en el victimismo, en el dramatismo, en la impulsividad o en actos incoherentes debido a la negación de la realidad.

Aceptar no es sinónimo de tragar o de rendirse, ni tampoco significa «gustar». Aceptar significa no negar la evidencia de que algo es o ha sido así, reconociendo lo injusto / abusivo / negativo que fue, y entendiendo que nos ha provocado consecuencias. Pero sin olvidar que podemos decidir cómo nos va a afectar eso a partir de mañana.

Aceptar el pasado significa entender que, desde el presente, solo podemos cambiar nuestra actitud hacia él. El pasado no se recupera ni se puede cambiar, solo la forma cómo nos afecta.

Cuando el pasado pesa demasiado

Si tú sigues sin ser capaz de pensar en tu pasado sin derrumbarte, si sientes odio o rencor por lo que te hicieron o lo que te ocurrió, si sigues esperando a que el karma te compense, si recreas escenas del pasado en bucle... Te recomiendo ponerte en manos de profesionales.

Dicho esto, existen muchas técnicas y ejercicios para «desensibilizarnos» de los sucesos traumáticos del pasado. Y no digo que le quitemos importancia ni mucho menos que perdonemos a los que nos perjudicaron: estas técnicas son para evitar que el simple recuerdo del pasado nos paralice en el presente, es decir, para soltar la carga emocional que nos provoca en el presente. En el ejercicio de esta jornada veremos una de ellas.

Ejercicio del día

Una técnica de desensibilización:

1- Piensa en un suceso del pasado que te siga produciendo tristeza en el presente. No es necesario que sea algo muy traumático, es preferible empezar por algo que, simplemente, sea molesto.

2- Cuéntate este suceso a ti mismo, frente al espejo, varias veces seguidas cada día, sin parar durante un buen rato. El objetivo es «agotarte» emocionalmente para que ya no lo sientas tan triste o angustiante.

3- Al cabo de unos días, sentirás que ese suceso te produce aburrimiento más que cualquier otra emoción. Si sigues contándotelo, pronto dejarás de sentirlo angustiante o triste y empezarás a asumirlo como el pasaje aburrido de una novela y te desprenderás emocionalmente de él.

DÍA 5

Suelta la verdad absoluta sobre tu pasado

Seguimos hablando del pasado porque hay otro factor importante a la hora de trabajar nuestros recuerdos y secuelas: la memoria.

Todos nosotros somos el resultado de la combinación de nuestra genética y de nuestras experiencias. Así que la memoria y el recuerdo juega un papel muy importante en nuestro auto concepto y nuestra identidad. Y aquí intervienen muchos tipos de memoria, entre ellos, la memoria selectiva.

La memoria selectiva es la memoria sesgada, es decir, esa que da más importancia a unos hechos que a otros de forma asimétrica, endulzando ciertos episodios del pasado y demonizando otros, asociando ideas con hechos que no fueron parecidos, etc. Es decir: es la memoria que nos envía información distorsionada.

¿Por qué lo hace? Es un mecanismo de nuestro cerebro para protegernos, una vez más, del dolor y el fracaso. Y no es algo que podamos controlar voluntariamente.

Además: nuestra atención de la realidad es selectiva (el cerebro presta atención a unas cosas e ignora otras), así que... ¡cómo no va a ser distorsionado el resultado de esa atención, es decir, su recuerdo!

Por qué recordamos lo que recordamos

Recordamos lo que, de forma positiva o de forma negativa, es significativo para nosotros, aunque a veces no entendamos la utilidad de tales recuerdos.

Nuestro sistema nervioso está diseñado para ayudarnos a sobrevivir antes que para conocer la realidad tal y como es. Por eso a menudo no recordamos la realidad como fue. A veces, incluso, ni siquiera la recordamos porque hemos olvidado pasajes enteros.

Por eso, la memoria selectiva es una prueba de que ni nuestra identidad ni lo que creemos saber sobre el mundo son verdades objetivas. Tener esto claro nos permitirá relativizar muchos recuerdos y emociones vinculadas a ellos. Y no estoy diciendo que no tengamos que «creer» lo que recordamos: digo que podemos cambiar nuestra manera de verlo. Por ejemplo: si recordamos de una forma muy intensa y muy dolorosa un suceso del pasado, pero apenas recordamos algo muy bueno que un amigo hizo por nosotros, ¿no estamos siendo «injustos» con nuestras emociones sobre esos dos sucesos?

Recrear recuerdos desde la actitud

El psicólogo Gordon Bower ha investigado durante muchos años la memoria selectiva y ha demostrado que es capaz de crear recuerdos significativos de forma voluntaria. ¿De qué depende? De nuestro estado de ánimo en el momento de vivir y memorizar ese suceso.

Según Gordon Bower[3], tenemos la capacidad de «remasterizar» recuerdos amargos o angustiantes, dándoles nuevas sensaciones. Y eso puede servir para eliminar traumas y buscar maneras adaptativas de hacer que nuestra memoria sea un factor que aporte bienestar a nuestro modo de vida, en vez de darnos problemas y miedo. Y una vez más insisto: no estamos hablando de endulzar nuestro pasado.

---

[3] Gordon Howard Bower (1932-2020) fue un psicólogo cognitivo que se especializó en la memoria humana, la comprensión del lenguaje, la emoción y la modificación del comportamiento.

Estamos hablando de asumir que, en el pasado, tal suceso o tal persona fue muy perjudicial, pero que en el presente no vamos a permitir que toda esa carga de tristeza y horror nos ralentice la marcha, y a partir de ahora vamos a modificar la forma cómo lo recordamos.

Ejercicio del día

Remasteriza tu recuerdo negativo:

1. Piensa en un suceso del pasado que sea muy doloroso para ti. Apúntate la fecha exacta de ese suceso en una libreta, tu diario o un lugar visible para ti: día, mes año.

2. Busca cosas positivas que sucedieron en el mundo en esa fecha: un nuevo descubrimiento contra el cáncer, el fin de una guerra, la publicación de un disco que te gusta, el nacimiento de una persona que admires...

3. A partir de ahora, cada vez que recuerdes ese suceso doloroso, trata de recordar también las cosas positivas que sucedieron ese día. Poco a poco, tus emociones ligadas a ese recuerdo empezarán a ser más positivas, sin olvidar lo que te ocurrió a ti.

Deja de esperar disculpas

Mucha gente lleva grabadas a fuego ofensas, injusticias o traiciones que quedaron impunes y, de alguna manera, sigue esperando una disculpa, a veces de forma inconsciente.

Y suele pasar que las personas que nos hicieron ese daño siguen con su vida sin inmutarse, mientras nosotros/as sufrimos el veneno de nuestra propia frustración. Nuestra herida se enquista mientras los demás ni se acuerdan, o peor aún: disfrutan viendo cómo seguimos sufriendo después de tanto tiempo. ¿Y sabes por qué siguen disfrutando con nuestra herida abierta? Porque eso significa que seguimos pensando en ellos. Sí, aunque parezca muy maquiavélico, alguna gente prefiere ser recordada con odio antes que ser olvidada. Mientras tú sigues esperando esa disculpa o esa reparación, ellos siguen metidos en tu mente.

¿No te parece que tu mejor venganza es precisamente cortar el vínculo?

Con esto no estoy diciendo que olvides alegremente lo que te hicieron ni que perdones a alguien que no muestra el más mínimo arrepentimiento por sus malas acciones. Digo que debemos asumir que no todos los capítulos de nuestra vida son agradables. Lo que deberíamos hacer (y sé que es difícil), es colocar ese episodio de nuestra vida en el estante de los episodios que no nos gustaron, como si se tratara de una mala novela, y empezar un nuevo capítulo con la misma ilusión que empezamos una nueva novela o serie de televisión.

«Perdonar a los demás no significa que estés de acuerdo con lo que te hicieron, simplemente significa que estás dispuesto a dejarlo ir» (Carrie Fisher, la primera princesa Leia de Star Wars).

Deja ir los finales en falso

Los finales en falso son esos finales que te dan la sensación de que no están bien cerrados. Como si faltara una última conversación o un último acto. Pero, como decíamos antes con las disculpas y la reparación, no siempre tenemos la posibilidad de «arreglar» un mal final.

Por eso, no hay que buscar esa última conversación «que lo aclare todo», esa charla que nos permita «solucionar lo que pasó» o ese acto final que nos deje darle un cierre digno a ese capítulo de nuestra vida. Algunos finales son torpes, abruptos, patéticos, ridículos, injustos o vergonzosos. Y no siempre podemos hacer algo para cambiarlos.

Eso ocurre con frecuencia en las relaciones sentimentales. Siempre animo a la gente a que sea responsable afectivamente pero, a la vez, también insisto en que no espere que todo el mundo lo sea. Esperar algo de alguien que no está dispuesto a darlo, por muy injusto que sea, solo nos hace perder nuestro tiempo.

No esperes más esa disculpa ni ese final digno. Cierra ese libro, abandona esa serie de televisión y elige otros.

Ejercicio del día

Espero tus disculpas:

1. Vamos a hacer que la persona que te hizo daño te pida disculpas (mentalmente).

2. Escribe en una hoja todas las secuelas y consecuencias negativas que has tenido por culpa de su conducta. Pueden ser desde ataques de ansiedad hasta pesadillas, pérdida de un puesto de trabajo, dificultades en relaciones posteriores, etc. Debe ser una lista detallada que empiece por «Espero tus disculpas por...».

3. Léesela mentalmente a esa persona, tantas veces como sea necesario hasta que calme tu impotencia. Verás que, con el tiempo, tu frustración disminuirá y en vez de poner el foco en su disculpa, pondrás el foco en sanar tus emociones.

DÍA 7

Tu cuerpo está bien: suelta los complejos

Deja ir la vergüenza por cómo son ciertas partes de tu físico: tu cuerpo está bien si no está enfermo.

¿Te has fijado en que los humanos somos los únicos seres vivos del mundo que vivimos avergonzados por el aspecto exterior de nuestro cuerpo? No importa si estamos sanos, siempre hay alguna parte «fea» por la que torturarnos.

Esa parte que nos acompleja debería ser de otra manera: nos falta altura, nos sobra barriga, demasiado pelo... ¡Todo eso nos haría más atractivos y exitosos! Pero créeme: no lo necesitamos para vivir una vida digna ni merecer amor. Estamos en esta vida para cosas más importantes que ser guapos/as por fuera.

Piensa en alguien a quien quieras mucho. Tal vez a tu madre. ¿El amor que sientes por ella sería más fuerte si ella midiera 1 centímetro más? Lo dudo.

Tú no estabas allí cuando te diseñaron

Aceptar el propio aspecto físico es difícil. Nos comparamos con amigos o con gente famosa y nunca estamos satisfechos con *lo que nos ha tocado*. Pero lo que nos ha tocado no es nuestra responsabilidad, básicamente porque nosotros nunca pudimos decidir cómo queríamos ser.

El día que fuimos engendrados mediante un óvulo y un espermatozoide, nuestra carga genética ya estaba lista. Y esa carga ya llevaba la información general sobre cómo iba a ser nuestro tono de piel, nuestra estatura, nuestra nariz, el color de nuestros ojos, etc. Nadie nos preguntó cómo nos gustaría que fueran nuestras orejas o nuestro pelo porque la naturaleza no funciona así. Sin embargo, con la adolescencia empezamos a despreciar cada parte de nuestro cuerpo. ¿Cómo podemos acomplejarnos por un «producto» en cuya fabricación no tuvimos nada que ver?

Nuestro cuerpo es el resultado de millones de años de evolución y de posibilidades de combinaciones genéticas. En vez de mortificarnos por no ser tan guapos como las *celebrities*, demos las gracias por todas las cosas que funcionan en nuestro cuerpo, que son la mayoría.

La gente que acepta su cuerpo NO es la más atractiva

No existe ninguna relación directa entre belleza y felicidad. Te lo repito: ninguna relación directa. La gente que vive en paz con su cuerpo no es la más atractiva, sino la que lo asume con naturalidad. Es gente que no vive avergonzada por las cosas que no puede cambiar. Por eso, no necesita esconder sus «defectos» ni tampoco gritarlos a los cuatro vientos para obtener la aprobación de no se sabe quién.

Es absurdo pasarnos la vida frustrados con nuestro físico solo porque no es como nos gustaría. Sus funciones son otras. Así que deja ir toda esa vergüenza por no ser como te gustaría y empieza a sacar partido a todas esas partes de tu cuerpo que merecen lucirse. Notarás un gran alivio.

Ejercicio del día

Hacer las paces con el espejo:

1- La próxima vez que te desnudes, párate frente al espejo un buen rato. Fíjate en las partes que no te gustan de tu cuerpo.

2- Dite a ti mismo/a: «Estas partes de mi físico (cítalas) no me gustan. Preferiría que fueran de esta otra manera. Pero acepto que lo que veo es la realidad. Acepto que son así».

3- Si repites este ejercicio cada vez que te observas sin ropa, notarás que las emociones que te genera tu imagen empiezan a cambiar: te sentirás más en paz con tu propio físico y poco a poco disminuirá tu resentimiento respecto a él. Y recuerda: «aceptar» ni significa «gustar».

Suelta el miedo a envejecer

De todas las zanahorias que nos ponen delante para engañarnos como a los burros, creo que la de ir contra el reloj es la más absurda. Y no es exclusiva de nuestra sociedad: en todas las épocas ha habido auténtica obsesión por la «eterna juventud». Y es totalmente inútil: la vida va justamente de envejecer.

Cuando nacemos, nace también algo así como nuestro contrato con la vida. Es un contrato que apenas tiene cláusulas, ya que la vida de un recién nacido está por estrenar. Pero sí hay un punto innegociable: mientras vivamos, el tiempo irá pasando para nosotros. Cumpliremos años, creceremos y nos haremos mayores. Y un día seremos viejos y viejas. Eso si no morimos antes.

Ese contrato con el paso del tiempo es ineludible, te guste o no. Aceptar la vida es aceptar ese contrato. Lo contrario es no entender las leyes de la naturaleza.

Siempre jóvenes

Cuando sentimos los primeros signos del paso del tiempo, nuestro cerebro hace un clic: nos damos cuenta de que la fiesta no va a durar para siempre. Y creemos que, por el hecho de que nuestro cuerpo pierde vigor y belleza, ya no podremos ser felices. Para alguna gente, empezar a envejecer es sinónimo de que su tiempo válido ha terminado. Lo cual es un auténtico disparate.

Cuando cometemos el error de vincular la felicidad a la juventud, entramos en el túnel del terror de querer detener el tiempo: nos sometemos a terapias rejuvenecedoras, nos torturamos con dietas y ejercicio que niegan los cambios naturales de nuestro cuerpo y adoptamos conductas que ocultan nuestra verdadera edad. Todo ello nos provoca mucha frustración porque no sirve de nada.

No digo que no debamos cuidarnos, sacarnos partido o tratar de ofrecer un buen aspecto. Hablo de no jugar a ser inmortales. En vez de eso, aprovechemos el tiempo que tenemos. Nuestro trabajo es lograr que nuestro contrato con la vida valga la pena.

Te animo a que dejes ir el temor y la frustración que te produce el hecho de envejecer y que abraces todas las alegrías que la vida te tiene reservadas hasta el último día, que son muchas.

Ejercicio del día

Todas las etapas de la vida son apetecibles:

1. Imagina que la niñez, la adolescencia, la juventud, la adultez, la madurez y la vejez, son platos de un menú: entrantes, primer plato, segundo plato, postre, etc.

2. Piensa en platos que te encanten y que se correspondan con las distintas categorías del menú. Relaciona tus platos favoritos de cada categoría con cada etapa vital y confecciona tu menú ideal.

3. Saborea mentalmente las etapas de tu vida, entendiendo que cada una aporta sabores y matices distintos a tu existencia, y que todas merecen ser disfrutadas. Si te acostumbras a hacer este ejercicio, el temor al paso del tiempo disminuirá.

DÍA 9

Renuncia al control

Controlar nuestra propia vida es necesario y nos aporta sensación de seguridad. Necesitamos cierto control para vivir con normalidad, para prever, para hacer planes, para organizar el futuro y ver qué decisiones tomar. Además, si nosotros no controlamos nuestra vida, otros vendrán a controlarla.

Sin embargo, el deseo excesivo de control (por ejemplo, sobre los demás), es síntoma de miedo y denota sentimientos de insuficiencia. Por eso debemos aprender a soltar los mandos que no nos corresponde manejar.

Normalmente, la gente con un excesivo deseo de control expresa o tiene emociones, creencias y pensamientos de este tipo:

- Ansiedad por saber qué decisión tomará una persona frente a una situación, aunque no la afecte.

- Temor cuando ve que alguien no hace lo que creía que iba a hacer.

- Deseo de imponer la propia voluntad sin espacio para el diálogo o la negociación.

- Malestar interno incontrolable cuando no sabe qué está ocurriendo en «sus dominios».

- Desconfianza hacia los demás. Menor empatía hacia la gente que la rodea.

- Creencia que su punto de vista es más válido que el de los demás.

- Deseo de demostrar que tiene la razón para que los demás «necesiten» a esa persona.

Lo que está y no está en nuestra mano

Antes de soltar el deseo de control de las cosas que no son asunto nuestro, debemos saber dónde está nuestro límite. ¿Qué cosas sí están en nuestra mano?

- Nuestras decisiones (pero no el resultado).
- Nuestras acciones.
- Nuestros pensamientos y conclusiones.
- Nuestros hábitos.

¿Y qué cosas son las que escapan a nuestro control? Todas aquellas por las que sería absurdo tener que rendir cuentas:

- Los deseos, pensamientos y creencias de otras personas.
- Las acciones de otras personas si no han estado inducidas por nosotros.
- Nuestras emociones (no podemos controlarlas, solo gestionar nuestra actitud hacia ellas).

- El futuro.

- El envejecimiento de nuestro propio cuerpo.

- Los sucesos en el mundo.

- La meteorología.

- Los mercados internacionales.

- Lo que hacen los animales bajo el mar.

Renunciar al control es desligarnos de los intentos por modelar la realidad para que sea como nosotros queremos. ¿Cómo?

1. **Siendo simples observadores de lo que no es controlable por nosotros**. A veces, solo podemos ver bajar el agua por el río.

2. **Adaptándonos a los imprevistos de la mejor forma posible.** En vez de amargarnos por todo lo que está sucediendo de una manera que no nos gusta, aprendamos a ser flexibles y adaptarnos a los cambios que no podemos evitar.

3. **Potenciando nuestros propios recursos ante situaciones en las que sí podemos intervenir**. Adecuar nuestras propias acciones a la realidad nos permitirá relajarnos ante la incertidumbre de lo que escapa a nuestro control.

4. **Confiando más en nuestra capacidad de salir adelante** en vez de tratar de construir la realidad a nuestra medida.

Cuando más te centres en tu propia responsabilidad sobre los actos que realizas y las decisiones que tomas, menos torturado/a estarás por las cosas que no están en tus manos.

Deja de controlar a la gente

La tendencia a intervenir, influir, vigilar, espiar o inducir las acciones de los demás solo denota nuestro propio terror a la libertad. En el fondo, cuando hacemos esto, creemos que la gente libre podría llegar a actuar contra nosotros, abandonarnos o descubrir que no somos tan buenos como pretendemos. Todo ello solo indica una enorme debilidad y sensación de inferioridad por nuestra parte.

Por ejemplo: cuando creemos que, si controlamos continuamente a nuestra pareja, nos aseguramos de que no nos engaña. Tenemos la falsa sensación de que el control garantiza la no infidelidad. Sin embargo, controlar a nuestra pareja no es amor ni consideración por la relación, es manipulación, abuso y violencia. Y tampoco garantiza que no nos vaya a engañar. Las infidelidades son decisiones voluntarias, no consecuencias de no controlar lo suficiente a la otra persona. Si no sabemos estar en pareja sin controlar, en realidad no sabemos estar en pareja

Debemos aprender a soltar a la gente. Que cada uno haga lo que quiera o pueda. Su único límite, igual que el tuyo, es el respeto por los demás, por las leyes y por los derechos humanos. Nadie debe más explicación más allá de eso.

Ejercicio del día

Delegar el mando:

1. Piensa en algo de poca importancia que sueles controlar tu. Puede ser cualquier cosa, por ejemplo: si vives en familia y eres tú el que siempre revisa las cuentas mensuales, o hace la compra, o le da dos vueltas a la llave de la puerta antes de ir a dormir.

2. Delega esa tarea a otra persona, y no la supervises ni le pidas explicaciones. Solo observa las emociones que te genera.

3. Repite este experimento con otras tareas hasta que tus emociones sean moderadas. Si crees que eres una persona controladora, sigue con otras tareas que impliquen confiar en el criterio de los demás.

DÍA 10

No necesitas fama ni riqueza

Suelta el deseo de ser rico/a y famoso/a. Deja de seguir la vida de las *celebrities* y de imaginarte a ti mismo/a viviendo esa vida de lujo, fiestas, admiradores y televisión. Esa vida no existe. En vez de eso, asume que vivir dignamente es una necesidad básica, pero buscar la opulencia para apuntalar nuestro ego es una debilidad.

En una sociedad donde se equipara éxito a dinero y fama, es difícil no pensar en la riqueza como única fuente incuestionable de felicidad. Pero lo cierto es que la riqueza no da la felicidad, ni tampoco la fama.

El ejemplo de Marco Aurelio

Déjame hablarte del emperador romano Marco Aurelio, uno de los hombres mas ricos y famosos de su época.

Marco Aurelio, a diferencia de la mayoría de los emperadores romanos, fue un hombre íntegro, es decir, fiel a sus valores. Durante su mandato antepuso el bienestar de sus súbditos a su propio placer y trabajó al servicio del bien común y la justicia. Pudiendo pasar a la historia por sus riquezas, optó por hacer su trabajo.

Marco Aurelio aseguraba que fue su madre quien le mostró que el lujo, en realidad, lo alejaba de la virtud (y la virtud era la vía hacia la felicidad). Influido por ella, Marco Aurelio mantuvo siempre la honestidad y la honradez como banderas siendo el hombre más poderoso de Roma.

La obsesión por el dinero

El dinero es el principal generador de envidia y competencia desleal, así que no lo persigas como un bien en sí mismo. ¿Por qué?

- Porque, si consigues ser rico/a por tu propio esfuerzo y méritos personales, estarás más orgulloso de eso que de tu cuenta bancaria. Así que el dinero no será lo más importante.

- Y si te enriqueces de forma deshonesta, tarde o temprano, la vergüenza te invadirá. La gente que en un momento te quiso y te admiró, empezará a sentirse incómoda a tu lado. Serás ejemplo, pero solo para los trepas.

- Y porque la gente con menos capacidad de amar y ser feliz es, proporcionalmente, la más avara y con más ansia de dinero.

En vez de eso, sé un ejemplo por tus valores y persigue la excelencia en lo que haces.

Ejercicio del día

Dejando las «riquezas» para los demás:

1- Si te dieran a elegir entre 10 millones de euros o la gente a la que más quieres, ¿qué elegirías? ¿Y si te dieran esos 10 millones de euros con la condición de vivir una enfermedad degenerativa incurable, ¿aceptarías el trato? Si te dieran 10 millones de euros a cambio de ser ciego, sordo y mudo, ¿aceptarías?

2- Al parecer, no deseas tanto esos 10 millones de euros. Has antepuesto un montón de cosas antes que el dinero.

3- El objetivo de esta reflexión es que te centres en procurar tener dinero suficiente para una vida digna y deja los 10 millones para quien necesite apuntalar su ego.

Suelta el miedo a ser insuficiente

Ya te lo digo de entrada: eres insuficiente.

¡Sí! Pero solo para algunas cosas. Por ejemplo: eres insuficiente para ser la primera violinista de la orquesta filarmónica de Berlín. Y también eres insuficiente para liderar la próxima expedición espacial a Marte. Y, si eres un hombre, eres insuficiente para gestar a un bebé en tu útero. ¡Pero yo también! Y muchos millones de personas más.

Hay cosas que nunca podremos hacer y metas que nunca conseguiremos alcanzar, aunque otras personas sí lo logren. Nuestras metas son exclusivas para nosotros mismos, no en relación a los demás. Así que suelta la vergüenza de ser cómo eres, quién eres, cómo es tu inteligencia, tu carrera profesional o tu relación de pareja. En vez de focalizarte en el miedo a no ser suficiente, empieza a esforzarte por mejorar en lo que puedas. En otras palabras: olvida las extensas hectáreas de terreno que tiene tu vecino y empieza a cuidar tu pequeño huerto. Si lo haces, si te esfuerzas en tu progreso en vez de cuestionar tu valía por comparación con la de otros, empezarás a sentirte orgulloso/a de ti mismo. ¿Y sabes lo que ocurrirá entonces? Que tus sentimientos de insuficiencia desaparecerán.

¿Por qué tenemos miedo a ser quien somos?

El miedo a ser insuficientes va ligado a la necesidad de aceptación dentro de un determinado grupo. Y es normal sentirlo, en ocasiones: por ejemplo, si vamos a una entrevista de trabajo para el que no estamos cualificados, sentiremos que somos insuficientes. Es lógico y es lo normal. Sin embargo, no podemos vivir siempre con miedo a no cumplir con las expectativas de los demás. ¿Sabes por qué? Porque, igual que sucede con las críticas, siempre va a haber alguien que no nos considere dignos o suficientes.

Cómo vencer el miedo a no dar la talla

El miedo a quedar como unos inútiles o unos fracasados puede ser paralizante y condiciona nuestras decisiones. Pero, para liberarnos de él, no sirve ignorarlo o reprimirlo: lo mejor es sentarse a «hablar» con él. Aquí van algunos recursos:

1- Entender que es normal sentir miedo a no dar la talla de vez en cuando. Debemos permitirnos experimentar ese temor sin sentirnos culpables o cobardes por ello.

2- Entender que, aunque el miedo es muy desagradable, las intenciones son buenas. Recuerda que nuestro cerebro activa el miedo para protegernos, así que debemos preguntarnos: ¿de qué nos quiere proteger en esa ocasión? ¿De la vergüenza del fracaso? ¿De lo que dirán los demás? Eso nos indica dónde está el problema y qué hay realmente tras nuestro temor.

3- Ponernos en lo peor: ¿Qué sucedería si, efectivamente, fuéramos insuficientes para eso en concreto? ¿Podríamos vivir sin ello? ¿Pueden vivir los tropecientos millones de personas que tampoco han logrado eso en concreto?

4- No permitas que el miedo se expanda. Si te sientes insuficiente por algo, acótalo a ese algo concreto y no invalides toda tu existencia. Si te has sentido así porque te han rechazado en un trabajo o una persona ha decidido no interesarse por ti sentimentalmente, acótalo a esos puntos en concreto y no lo traspases a todo lo demás.

El síndrome del impostor

Cuando nos ascienden en el trabajo o empezamos a gozar de cierto éxito, empezamos a sentir un miedo distinto. No es el miedo a algo malo, más bien es el miedo a algo bueno. Ese miedo se conoce como síndrome del impostor.

El síndrome del impostor es el miedo a ser vistos como un fraude por compañeros de trabajo, amigos, pareja, etc. Aparece no por lo que dicen los demás, sino porque nosotros mismos no nos creemos nuestro propio valor. Es decir, nos auto saboteamos.

Ese síndrome, como concepto, se dio a conocer en un estudio de 1978 realizado por las psicólogas Pauline Rose Clance y Suzanne A. Imes, de la Universidad de Georgia, en Estados Unidos. En su investigación, Clance e Imes analizaron las trayectorias profesionales de 150 mujeres exitosas que, a pesar de sus logros, tenían emociones y pensamientos que cuestionaban sus propios logros. Estas mujeres a veces sentían que estaban estafando a su empresa y tenían miedo de que sus habilidades, aunque totalmente comprobadas, no estuvieran a la altura del puesto o el éxito que tenían. En su caso, ese miedo estaba completamente infundado, es decir: no tenía razón de ser.

Desde entonces, el síndrome del impostor ha evolucionado respecto a su definición original, que estaba muy ligada a la cultura del pensamiento patriarcal, y donde las mujeres eran cuestionadas por desempeñar profesiones tradicionalmente masculinas. Hoy en día puede aplicarse a hombres y mujeres, y no solo en el ámbito laboral.

Cuando aparece el síndrome del impostor, nuestro cerebro se anticipa a cualquier peligro futuro haciéndonos sentir indignos de lo que hemos conseguido. Así parece que nos protege de un mal posterior, como la vergüenza de ser «descubiertos» o rechazados por ocupar un puesto que en el fondo no *merecemos*. También aparece cuando iniciamos una relación con alguien que sentimos que «juega en una liga superior». Y algunas mamás primerizas lo padecen en los primeros meses de crianza porque sienten que no están capacitadas para cuidar bien a su bebé.

Este síndrome se vincula a una baja autoestima: no nos creemos válidos ni merecedores de la confianza que los demás han puesto en nosotros para desempeñar esa tarea. Para librarnos de ese síndrome hay que demostrarle a nuestro cerebro que lo estamos haciendo bien: cada pequeño éxito, cada pequeña victoria, cada día sin un fracaso en ese ámbito, es otro muro que derribamos. Por eso, no está de más llevar un diario donde apuntar cada uno de nuestros logros para confrontarlo al síndrome del impostor.

Ejercicio del día

Combatiendo el síndrome del impostor:

1. Detecta los sentimientos de desvalorización y desconfianza hacia ti mismo que tengas en un determinado ámbito de tu vida.

2. Empieza a registrar pequeños logros y victorias en ese ámbito, por insignificantes que sean. A la vez, acepta tu imperfección: prepárate para cometer errores y, cuando los cometas, apúntalos también en tu registro.

3. Pasado un tiempo, revisa ese registro de éxitos y errores. Haz balance y saca conclusiones. ¿Está fundamentado tu miedo a ser insuficiente? ¿Hay razones para escuchar a la «voz del impostor»? Si es así, sigue trabajando para mejorar. Si no, olvídate de él y disfruta de tus logros.

DÍA 12

Deja ir la dependencia emocional

Llamamos dependencia emocional a la imposibilidad de romper libremente un vínculo que nos perjudica.

Cuando tenemos dependencia emocional, ese vínculo, por destructivo que sea, se percibe como menos insoportable que el abandono. Debido a esa distorsión, adoptamos conductas parecidas a las generadas por la drogadicción: perdemos la capacidad de proteger nuestros intereses y nos dejamos arrastrar por lo que creemos que es una necesidad.

No puedo vivir sin él/ella

La sensación de que perderemos el rumbo sin esa persona es eso: solo una sensación. Porque no es cierto que no podamos vivir sin alguien. La única persona sin la que no podemos vivir somos nosotros mismos/as. Todos los demás pueden marcharse y seguiremos respirando. Así que suelta esa idea distorsionada de que tu vínculo debe mantenerse a toda costa, como si se tratara de la última llama de fuego viva de todo el planeta.

¿Qué origina una relación de dependencia?

El origen de la dependencia emocional está en la necesidad que todo ser humano tiene de ser amado/a. Sin embargo, mientras que esa necesidad es natural, la forma de obtener ese amor, en una relación de dependencia, se vuelve patológica. Y más si la otra persona no es honesta con nosotros, ha cambiado con el tiempo o preferiría marcharse.

Generalmente, la dependencia emocional se establece en relaciones de pareja, aunque también se da en muchos vínculos familiares. Si es cierto que un niño pequeño depende emocionalmente de sus padres y es lo normal, también es cierto que, a partir de cierta edad, esa misma dependencia puede llegar a ser patológica si sus progenitores no han fomentado su autonomía y su independencia. En estos casos, los progenitores suelen ser conscientes de ello (aunque lo nieguen), pero han antepuesto sus propios deseos a las necesidades de sus hijos.

Dejando ir la dependencia emocional

La cura contra la dependencia emocional pasa por revisar nuestro concepto del amor, tanto hacia nosotros mismos como hacia las otras personas. ¿Cómo lo hacemos?

- Entendiendo que no es amor si todo lo de la otra persona se antepone a nuestros propios deseos y necesidades.

- Entendiendo que el amor no duele. Por supuesto, hay crisis y desencuentros, pero no debe haber sufrimiento perpetuo ni sentimientos de soledad o de que estamos siendo usados/as.

- Entendiendo que la vida es cambio y que algunas personas y sentimientos cambiarán y se marcharán. Y que, igual que algunas personas se irán, otras aparecerán.

- Entendiendo que, por mucho que te desvivas por otra persona, no hay ninguna ley que obligue a esa persona a desvivirse por ti. Si sientes que una relación es asimétrica, esa relación es disfuncional y debe cambiar o romperse.

- Entendiendo que el amor es incompatible con la retención.

Algunos recursos que funcionan

La forma de romper las cadenas en una relación de dependencia patológica es parecida a la forma de superar una adicción: hay que someterse a un plan de rehabilitación y superar un verdadero síndrome de abstinencia.

Se suelen seguir los siguientes pasos:

1- Trabajar la aceptación propia, la autoestima y los traumas del pasado que originaron esa forma tóxica de buscar amor.

2- Aprender sobre los tipos de apego disfuncionales: el apego evitativo (hablaremos de él en el capítulo del terror al compromiso), el apego ansioso, el apego desorganizado, el apego ambivalente, etc.

3- Ampliar los espacios de la persona que sufre dependencia para que construya una vida propia totalmente válida al margen de la otra persona.

4- Trabajando los sentimientos de idealización, los celos, las tendencias posesivas, el concepto distorsionado del amor romántico, etc.

5- Detectar a tiempo las relaciones o las personas que no están dispuestas a aportar lo que necesitamos a cada momento.

6- Preparar un buen futuro sin esa persona, demostrando que vivir de otra forma no solo es posible, sino que es mejor.

7- En último término, romper el vínculo y establecer la mínima relación posible con esa persona.

El último punto puede parecer cruel o egoísta. Pero la inmensa mayoría de casos donde hay dependencia emocional, la figura que está «arriba» se está aprovechando de la vulnerabilidad de la persona dependiente. Es consciente de ello, pero no hace nada por cambiar la situación. Así que no hay crueldad en romper ese vínculo.

Ejercicio del día

¿Por qué haces lo que haces?

1. Piensa en algo que haces regularmente desde hace mucho tiempo con o para otra persona. Puede ser algo que te guste o que hagas por obligación: vivir en pareja, comer en casa de tus padres los domingos, jugar el partido semanal de futbol con tu equipo, etc.

2. Pregúntate por qué lo haces realmente. Valora si ahora mismo eso sigue teniendo sentido para ti, si te identificas con ello o si, por el contrario, es algo que te has impuesto a ti mismo/a o que haces para evitar «problemas».

3. Actúa en consecuencia del punto 2. El objetivo es ser conscientes de a qué responden nuestras acciones y hasta qué punto esconden una dependencia emocional.

Tu futuro estará bien

Deja ir tu miedo al futuro. Tanto si lo que te da miedo es lo que pueda ocurrir a tu alrededor como si tu miedo es a equivocarte en tus propias decisiones, ese miedo no te ayuda: al contrario, te nubla el cerebro.

El miedo al futuro, entendido como el temor a la incertidumbre, es natural y necesario: aparece de forma instintiva y sirve para prever posibles peligros y preparar opciones de respuesta. De alguna forma, ese miedo nos entrena para situaciones desfavorables que podrían ocurrir. Por ejemplo: durante la espera de un diagnostico médico, es normal sentir cierta ansiedad anticipatoria y especular sobre escenarios negativos en relación a ese diagnóstico. Es natural. Lo que no es natural es un sufrimiento desbordado que no nos permite seguir con nuestra vida normal.

¿Cuándo es disfuncional ese miedo?

- Cuando es permanente: TODO lo relacionado con el futuro nos provoca miedo y estrés.

- Cuando nos somete a un estado de alerta constante que genera pensamientos negativos y catastrofistas en relación a hechos que ni siquiera han ocurrido.

- Cuando es desproporcionado: Nuestro sufrimiento anticipado es peor que el propio suceso. Por ejemplo: vivir con el terror constante a que nuestra pareja nos abandone en el futuro es peor que la propia ruptura, en caso de que se diera.

- Cuando nos hace responsables de una situación que no podemos controlar. Por ejemplo: el terror a que nuestro hijo desarrolle una enfermedad que no podemos prever.

- Cuando no es realista: Las posibilidades de que eso ocurra son demasiado remotas como para provocarnos ansiedad. Por ejemplo: el terror a que nuestro edificio se derrumbe si no hay absolutamente ningún indicio de que eso pueda ocurrir ahora mismo.

Manejar la incertidumbre

La única forma de no temerle al futuro es aprender a manejar la incertidumbre. La incertidumbre es, precisamente, el estrés generado por toda esa inseguridad, inquietud, sensación de ir a la deriva, duda, recelo, etc., que comporta el no saber qué va a ocurrir. Pero la vida es incertidumbre, de lo contrario, no seríamos humanos: seríamos dioses.

Como no lo somos, aquí te dejo algunos consejos que suelo dar para aprender a gestionar la incertidumbre:

- Ten presente que, a menudo, el miedo al futuro es solo el miedo a que se repita el sufrimiento del pasado. Así que suele ser útil repasar qué episodios de nuestra vida nos provocaron más sufrimiento y caos. Porque, a veces, ahí está la respuesta.

- Combate la incertidumbre con metas y objetivos. Procura que sean realistas y sepáralos de lo que no es prioritario en tu vida. Eso te ayudará, en momentos de pérdida de control, a saber cuáles son tus prioridades.

- Mantente informado respecto al exterior, pero focalízate en tus acciones. Que la mayor parte de tu energía esté destinada a tus propios pasos, no al análisis de lo que ocurre o lo que podría ocurrir.

- Crea protocolos de crisis que te liberen de la ansiedad anticipatoria. Ponlos por escrito y déjalos en un lugar que puedas consultar fácilmente. Por ejemplo: ¿qué harías en caso de un diagnóstico médico desfavorable? ¿O en caso de un despido laboral repentino? Aunque parezca lo contrario, esas hojas de ruta ya «precocinadas» te darán tranquilidad.

- Exponte a las sorpresas. La ansiedad anticipatoria te induce a evitar las sorpresas y buscar el control absoluto. Pero esa dinámica es contraria a la capacidad de adaptación. Por eso, exponte a las sorpresas: toma una ruta desconocida para ir a trabajar, ve a restaurantes que, de entrada, no son de tu interés, habla con gente con la que no te apetece hablar, etc. Prueba cosas nuevas. Cuando lo hagas, analiza tus emociones y valora hasta qué punto son estresantes y/o en proporción a la nueva situación.

- Divide el miedo y la incertidumbre en piezas más pequeñas. ¿Tienes miedo a no tener dinero en el futuro? Revisa tu planificación a largo plazo, toma las medidas necesarias y reduce la incertidumbre a lo mínimo. Acepta esa dosis de incertidumbre más pequeña como parte de la vida e ignora lo demás.

- Busca pruebas de superación en tu propio pasado. ¿Recuerdas cuando te ocurrió aquello tan inesperado para lo que no estabas preparado y creíste que no lo podrías superar? Pues aquí estás. Si en aquella ocasión pudiste, en futuras ocasiones también podrás. Eres más fuerte de lo que crees.

- Busca referentes de superación, ya sean famosos o conocidos de tu entorno. Enfócate no es su desgracia sino en lo que hicieron para superarlo.

- Acepta los riesgos y los tropiezos. Aprende lo que puedas de ellos, pero no los conviertes en una «prueba más» de que el futuro será sombrío.

- Ponte en lo peor. Aunque parezca contradictorio, hacer el ejercicio de recrear el peor escenario posible y familiarizarte con él calmará tu ansiedad anticipatoria.

Ejercicio del día

Practica ponerte en lo peor:

1. Piensa en un posible imprevisto o dificultad que pueda traerte problemas ahora mismo. Puede ser desde que tu coche se inutilice hasta que te detecten una enfermedad grave.

2. Piensa en ello como si ya te estuviera ocurriendo: visualiza todo lo que pasaría a continuación, incluidas todas tus emociones y acciones. Familiarízate con ello. Haz mentalmente todo lo que harías si ocurriera.

3. Visualiza tu actitud y tu comportamiento si fueras la mejor versión de ti mismo: ¿estás muy alejado/a de tu yo actual? ¿Qué debes hacer para estar a la altura?

DÍA 14

Suelta tu necesidad de comprar cosas

«Las cosas que posees terminan poseyéndote».

—Joshua Fields Millburn[4].

Todos tenemos pequeñas adicciones que, a primera vista, parecen inofensivas. Y lo cierto es que, la mayoría de ellas, lo son: el café, las redes sociales, la ropa de la nueva temporada, etc. El problema viene al descubrir cómo nos sentimos cuando no podemos obtener nuestras dosis de esas micro adicciones.

---

[4] Creador y divulgador del Minimalismo junto a su compañero Ryan Nicodemus, Joshua Fields nació en 1981 en una familia pobre y desestructurada de Ohio. Dedicó su juventud a ganar el máximo de dinero posible para ser feliz. No resultó y cambió radicalmente de vida.

En nuestra sociedad, una de las micro (o no tan micro) adicciones más arraigadas y aceptadas socialmente es la de comprar.

Comprar por comprar

La adicción a las compras se llama oniomanía y se produce cuando lo que se necesita no son los artículos en sí, sino adquirirlos. Es decir: la necesidad es de comprar. Esa necesidad desaparece una vez adquirido el objeto, y ese objeto, que parecía tan imprescindible y vital, pronto genera indiferencia.

Por supuesto, a todo el mundo le gusta darse caprichos y cuidar su aspecto. ¿Cuándo el placer de comprar se convierte en una adicción y, por lo tanto, hay que soltarlo? Cuando el acto de comprar se realiza en un estado de impulsividad irrefrenable y para calmar el «mono». Y va acompañado de:

- Sensación de culpabilidad casi inmediata (por ejemplo, esa misma noche).

- Baja autoestima.

- Desequilibrio entre lo que es prudente gastar y lo que se gasta en función del poder adquisitivo.

- Euforia en el momento de comprar.

- Frustración, ira y ansiedad cuando se está haciendo cualquier otra cosa, incluso estar con amigos, trabajar o descansar.

- Cambio de ambientes sociales: se prioriza frecuentar a gente con la misma dinámica compulsiva.

- Desvalorización de lo que ya se tiene: lo que tanto se ansiaba poseer, al cabo de muy poco, ya no genera ningún interés. Es más: molesta.

Para dejar ir esa falsa necesidad de comprar, desde la psicología se aconseja:

1. Desmitificar el acto de poseer cosas nuevas. Romper la idea de que necesitamos estrenar cosas continuamente y empezar a dar valor a lo que se queda con nosotros año tras año. Cuidar en vez de desechar no solo sale más barato: también aumenta nuestra autoestima a largo plazo.

2. Trabajar para aprender a controlar los impulsos de forma parecida a cómo se trabaja en casos de adicción al juego, por ejemplo.

3. Entender cómo funcionan los mecanismos de la ansiedad para ignorarla cuando sea preciso.

4. Ir al origen: ¿qué carencia emocional está detrás de esa necesidad creada?

5. Instaurar una vida lo suficientemente atractiva —con hábitos saludables, relaciones sanas, nuevas motivaciones, etc.–, donde el

hábito de comprar no sea imprescindible para obtener alegría, paz, sosiego, sensación de valía, etc.

Ejercicio del día

Traduce el precio de un artículo en horas:

1- Piensa en algo que has pensado comprar últimamente. Comprueba cuál es su precio o, si hay varias opciones, cuál es el precio máximo que estarías dispuesto a pagar.

2- Pasa esa cifra a horas de espera: si vale 50 €, tómate 50 horas de reflexión antes de comprarlo. Si vale 1.000 €, tómate 1.000 horas.

3- Si, pasadas esas horas, sigues queriendo ese artículo y crees que va a contribuir a tu felicidad, cómpratelo. Si ya no estás tan entusiasmado con la idea, significa que era un deseo impulsivo y debes dejarlo marchar.

NO lo dejes si no es el momento

Llegamos justo a la mitad de este *bootcamp* de 30 días y ahora, después de 15 días diciéndote que debes soltar, te digo que no lo hagas.

¿En qué quedamos?

Quedamos en que sí, en que debes soltar. Pero no si no es el momento. ¿Por qué? Porque es mejor esperar a soltar algo definitivamente que tratar de soltarlo y volver atrás por no estar preparado. Cada retroceso hace más difícil volver a intentarlo. Por eso, no hay que tirarse al vacío sin estar seguros de que la red aguantará.

Te lo explico con una anécdota: durante el Imperio romano, el ejército se sometía a entrenamientos muy duros. También los gladiadores profesionales dedicaban gran parte de su jornada a prepararse para la lucha. Para fortalecer los músculos, solían llevar muñequeras y tobilleras con pesos (igual que se usan hoy para entrenar). Así, se acostumbraban a entrenar con esos pesos extra y, cuando llegaba el momento del combate o la pelea real, se los quitaban: de repente, se movían con mucha más agilidad porque se sentían más ligeros.

Sin embargo, no siempre funcionaba: algunos soldados y gladiadores se acostumbraban tanto a esos pesos que, cuando se los quitaban de repente, sus primeros movimientos eran descontrolados y desproporcionados, incluso llegaban a caerse al suelo por no estar acostumbrados a su peso «real».

Eso es lo que sucede cuando soltamos algo (un pensamiento, un hábito, una relación, un trabajo tóxico, un recuerdo), y no nos hemos preparado para vivir sin ello. Si no se refuerza el «después», podemos perdernos y empezar a creer, erróneamente, que lo malo conocido no estaba tan mal.

¿Cómo lo hacemos, entonces?

Con ensayos. A pequeños pasitos. Con ejercicios que nos sitúen, por un rato, en esa nueva realidad sin aquello que queremos soltar. Por ejemplo: visualizándonos sin ese vínculo tóxico que tantas veces hemos querido soltar. Imaginándonos que ya no lo tenemos durante unas horas, y llevar la vida que llevaríamos en ese caso (ojo, no estoy hablando de cometer infidelidades ni nada de eso en caso de una relación de pareja: estoy hablando de pequeñas exposiciones para ir familiarizándonos con esas emociones desagradables que, seguramente, tendremos al soltar un vínculo).

Antes de soltar, asegúrate de que tienes recursos para pasar el período de duelo y abstinencia. Si no es así, mi consejo es esperar y reforzar las posiciones.

Ejercicio del día

Preparando la red para saltar:

1. A veces, no sabemos si estamos preparado para soltar. Un buen ejercicio es preguntarnos qué ocurriría si, por arte de magia, se nos borrara ese episodio, o relación, o hábito, de la mente. ¿Cómo sería nuestra vida?

2. Si lo que sentimos es vértigo o angustia, significa que eso sigue teniendo un peso específico en nuestro presente y lo necesitamos como seña de identificación: no podemos soltarlo porque aún nos sentimos mutilados.

3. Busca una manera de llenarlo mentalmente, de forma que, si se borrara de nuestra mente, nos adaptaríamos y seguiríamos con nuestra vida actual o futura.

Deja ir tu miedo a la enfermedad

El miedo a la enfermedad es uno de los miedos más humanos que existen. Es nuestro propio instinto de supervivencia preocupándose por nosotros. Es natural tenerlo.

Sin embargo, como siempre digo, una cosa es el miedo instintivo y otra cosa es la tortura por algo que no podemos controlar más que en una pequeña porción: la de cuidar de nuestra salud en lo que esté en nuestra mano.

Una vez más, la frontera se sitúa en lo que podemos controlar y lo que no. ¿Qué cosas sí están en nuestra mano para liberarnos del miedo a la enfermedad? Las que se incluyen en estos cuatro pilares básicos:

1. Cuidar la alimentación.

2. Hacer ejercicio.

3. Evitar hábitos y comportamientos tóxicos.

4. Seguir controles e indicaciones médicas.

Hasta aquí llega nuestra responsabilidad y lo que podemos controlar. Si cumplimos con esto, ya no hay cabida para el miedo: nuevamente, la pelota ya no está en nuestro tejado y, si por desgracia llega una enfermedad (y tarde o temprano, llegará), habrá que adaptarse a ella.

Memento mori: recuerda que vas a morir

Ser conscientes de que nuestra vida es finita y que, tarde o temprano, todos vamos a desaparecer, es realmente angustioso. ¿Por qué te hablo entonces de algo tan desagradable?

Para, entre otras cosas, no perder el tiempo en tonterías. Así de claro.

Memento mori es un dicho que proviene del latín y se puede traducir por «Recuerda que debes morir» o «Recuerda que morirás». Pero, si le damos la vuelta al mensaje y nos enfocamos en el presente, podremos dejar un montón de cosas inútiles como:

- Perder el tiempo en discusiones estériles con gente que no va a cambiar de opinión.

- Excedernos de forma permanente en nuestras obligaciones, asumiendo más carga de la que nos corresponde a la espera de una dudosa recompensa que nos será entregada en el futuro.

- Perder el tiempo en convencionalismos y cosas que solo hacemos para agradar a gente a quien no le importamos.

Así, cuando recordamos que algunas cosas no merecen la pena, somos capaces de reconducir nuestras acciones para centrarnos en lo que sí merece nuestra atención y en lo que sí nos produce bienestar y sensación de estar haciendo lo correcto.

«Podrías dejar de vivir ahora mismo. Deja que esto determine lo que hagas, digas y pienses». (Marco Aurelio)

Ejercicio del día

Asumiendo el «*memento mori*»:

1- ¿Qué es lo más importante para ti en esta vida? Ponlo por escrito: familia (qué miembros de tu familia, exactamente), amigos (cuáles, exactamente), amor (el de quién), trabajo (qué aspectos del trabajo), etc. Sé lo más concreto posible.

2- ¿Cuánto tiempo y atención dedicas a lo que está en tu lista? ¿Les dedicas menos tiempo del que te gustaría? ¿Por qué? Esos motivos, ¿son inevitables?

3- Puedes completar esta lista con tareas que realizas por costumbre o para los demás y que no son importantes. Trata de reducirlas.

Libérate de la culpa

Algunas emociones son tan tóxicas que pueden llevarnos a cometer actos irreflexivos, egoístas o impulsivos. Esas emociones han dejado de ser adaptativas (es decir, útiles para nuestro día a día) y actúan contra nosotros, volviéndose armas cargadas. La culpa es una de ellas.

La culpa es la mezcla de dolor y vergüenza que sentimos por ser conscientes de que, en cierta ocasión, sabíamos cómo debíamos actuar y, sin embargo, no actuamos de forma honesta. Pudimos ser íntegros y no lo fuimos.

Desde entonces, cargamos con esa culpa. A veces es tan pesada que tenemos la sensación de que nunca podremos perdonarnos. Otras veces, nos engañamos a nosotros mismos con frases del tipo: «No fue para tanto. La gente hace cosas peores». Pero la culpa sigue ahí.

Para dejar ir los sentimientos de culpa, hay que entender por qué han surgido y cuál es el mensaje que nos traen (recuerda que todas las emociones vienen con mensaje).

¿Cómo liberarnos de la culpa?

Dejar ir la culpa implica realizar una serie de actos muy costosos a nivel emocional: actos que tendrán consecuencias desagradables, nos harán pasar vergüenza y harán que personas que apreciamos nos pierdan el respeto o nos retiren la confianza. Por eso, la mayoría de nosotros pensamos: no vale la pena reparar ese error. Sin embargo, mientras sigamos sintiéndonos culpables, merecerá la pena tratar de repararlo.

¿Cómo lo hacemos?

1. Admitiendo nuestra responsabilidad sin excusas ante nosotros mismos.

2. Tratando de entender qué era lo que esperábamos conseguir con ese acto deshonesto y confirmar que ahora nos parece vergonzoso.

3. Pidiendo perdón a las personas perjudicadas, sin excusas ni atenuantes. Si eso ocurrió hace tiempo, tratar de contactar con esas personas para mostrar arrepentimiento sin esperar nada a cambio.

4. Haciendo todo lo posible por reparar el daño causado, dedicando tiempo, dinero o atención a los que perjudicamos. Si reparar el daño no nos supone ningún sacrificio a nosotros, es que no nos estamos comprometiendo lo suficiente.

5. Prometiendo no repetir nunca más ese acto, y mantener nuestra palabra.

Por último: nada de eso garantiza que los demás estén dispuestos a perdonarnos. No tienen ninguna obligación de hacerlo. Pero eso ya escapa a nuestro control.

Culpa y manipulación

La culpa también es una peligrosa arma cuando cae en manos de los manipuladores: en relaciones tóxicas, es frecuente que la persona abusadora plante la semilla de la culpa en los otros para explotarlos en beneficio propio. El chantaje emocional es un claro ejemplo de ello. Por eso, es muy importante saber dónde empieza y acaba nuestra responsabilidad en el error que cometimos para detectar si alguien está sacando tajada de ello.

Y por eso, también, es importante armarse de valor y realizar el proceso de reparar el daño. Si hacemos lo que creemos correcto, a la gente manipuladora le será más difícil jugar con nuestro dolor o nuestra vergüenza.

Ejercicio del día

Pide perdón:

1. Piensa en algo que hiciste mal que te haga sentir culpable. Algo que te avergüence y que te gustaría no haber hecho nunca.

2. Repasa los 5 puntos sobre cómo reparar la injusticia y aplícalos. Si es necesario, busca a esa persona por internet y pídele poder escribirle o hablarle.

3. Pide perdón honestamente y ponte a su disposición para hacer lo que puedas para reparar el daño. No esperes medallas ni nada a cambio. Tampoco te enfades si la otra persona ejerce su derecho a no perdonarte. Por último, prométete no repetir jamás esa acción.

DÍA 18

Deja ir tus celos

Igual que sucede con la culpa, los celos son una emoción que puede descarrilar fácilmente y convertirse en una tortura. ¿Cómo deshacerse de ellos? Lo primero, entendiendo por qué han surgido.

Los celos son el miedo a perder el amor, la atención o la aceptación de alguien por culpa de una tercera persona a la que vemos como una amenaza. Son el terror a no ser lo bastante buenos como para que alguien nos elija a nosotros en vez de a otro/a.

Solemos sentir celos cuando estamos en pareja, pero también sienten celos los hermanos entre ellos cuando creen que está en juego el amor de su mamá, o algunos trabajadores de una compañía, cuando llega alguien nuevo que está más preparado/a y amenaza con ascender antes que ellos.

Los celos esconden un doloroso sentimiento de inferioridad: pensamos que alguien mejor que nosotros nos robará lo que es nuestro. Pero la dura realidad es que siempre habrá alguien mejor que nosotros y que nadie es «nuestro».

En las relaciones de pareja, aunque parezca que las personas celosas «aman mucho» a la otra persona (la protegen, la controlan, deciden por ella «por su propio bien»), etc., lo cierto es que no saben amarla. Las personas celosas confunden el afecto que alguien les da con el supuesto derecho a ser sus propietarios. Y, aunque sea duro de aceptar, la gente no está obligada a amarnos. Ni siquiera si han dado su palabra en el altar o han firmado un documento. Porque el amor no es una mercancía ni un activo bancario. Así que la gente tiene derecho a entregar su amor a quien quiera. También nosotros tenemos ese derecho. Y no estoy defendiendo la irresponsabilidad afectiva, la falta de compromiso o las infidelidades: estoy diciendo que los celos nos empujan a creer que algo es nuestro por derecho, y no es así.

¿Qué es lo más inteligente que podemos hacer en ese caso?

Dejar de ser celoso/a

El único antídoto contra los celos es trabajar en la mejor versión de nosotros mismos para hacer las paces con nuestra propia conciencia. Si hacemos todo lo que podemos para estar orgullosos de nosotros mismos, ya no nos dolerá ver que alguien se va de nuestro lado: pensamos que otra persona vendrá. Pero ojo: esa mejor versión de nosotros mismos no debe ser en competencia con nadie, debe ser en comparación a nuestro «yo» de ayer. Ese es al que hay que superar.

Hay que buscar nuestra propia excelencia, no para «retener» a los demás, sino para sentir que, si alguien se queda con nosotros, es porque lo elige libremente porque nosotros valemos la pena. Las personas deben relacionarse desde la libertad y la voluntad, no desde el sometimiento y el terror.

Y recuerda: la única persona que nunca debería retirarnos su amor somos nosotros mismos.

Ejercicio del día

¡Me devoran los celos!

1. Vamos a intercambiarnos los papeles: tú serás mi terapeuta y yo, tu paciente. Imagina que te pido ayuda profesional porque siento muchos celos de un compañero de trabajo de mi pareja.

2. ¿Qué me dirías para superar esos celos? ¿Y, si realmente hubiera motivos para ello, ya que mi pareja ha mostrado interés en la otra persona? ¿Qué debería hacer? ¿Y si hay un peligro real de que esa tercera persona rompa la pareja? ¿Hasta dónde llegan mis supuestos «derechos» sobre la otra persona?

3. Este ejercicio con intercambio de roles tiene como objetivo que tú mismo te animes a crear tus propias estrategias contra los celos.

DÍA 19

Suelta la envidia

De todas las emociones que he estudiado (es decir, todas), creo que la envidia es una de las más difíciles de gestionar. Y más en una sociedad tan competitiva como la nuestra.

¿Qué es la envidia? La envidia es la impotencia por no poseer algo que deseamos y que otras personas sí tienen. Su gran peligro es que condiciona nuestra satisfacción a lo que sucede a otra gente: nos frustramos cuando al vecino le va bien y liberamos un chorro de dopamina cuando le va mal. ¡Eso significa que sometemos nuestro propio bienestar a lo que suceda a otros!

La envidia también habla de nuestro apego disfuncional por las cosas materiales o por ciertos «estilos de vida» que ni siquiera sabemos cómo son en realidad. Hazte la siguiente pregunta: si no supieras de la existencia de ese estilo de vida en concreto o de esa cosa, ¿sentirías la necesidad de poseerla? ¡Seguramente, no! Solo sientes esa necesidad porque otra persona lo tiene.

Por suerte, la envidia se puede soltar. Quizás aparezca en ciertos momentos de nuestra vida, pero podremos hacerla menos tóxica y dejarla marchar antes.

Qué hay detrás de la envidia

Detrás de la envidia, lo que hay es una autoestima herida y una visión victimista de la justicia. Cuando sentimos envidia, pensamos: «¡No es justo que a ese/a le vayan mejor las cosas que a mí!¡Yo lo merezco más!». Pero ya sabes que la realidad no es justa y que no siempre quien más merece es quien más recibe.

A lo largo de nuestra vida sentiremos envidia, a veces. No está en nuestras manos dejar de sentir emociones (y te recomiendo no ignorarlas). Pero sí está en nuestras manos lo que hagamos con ellas. Actuar de forma deshonesta con el fin de satisfacer nuestra envidia o estar más pendientes de los demás que de nosotros mismos nunca nos va a traer ningún tipo de beneficio.

Cómo ayudar a nuestra envidia

¿Ayudarla? ¿No íbamos a soltarla?

Por mi experiencia y como terapeuta, sé que la envidia es una llamada a la acción. Pero no a la acción impulsiva (como, por ejemplo, tratar de conseguir lo que tiene el otro, o perjudicarle para satisfacer nuestra frustración). No es eso.

La envidia es una llamada a otro tipo de acción. Es una misión que nos llega escrita en clave.

¿Cómo desciframos lo que quiere decirnos la envidia?

- Primero, hay que interrogarla: ¿Qué es lo que nos molesta tanto? ¿Es la carencia del objeto en sí, o es sentir que lo tiene alguien que *no lo merece tanto como nosotros*? ¿Si ese alguien no lo merece tanto como nosotros, por qué lo tiene? ¿De quién depende? ¿Es algo que podemos cambiar?

- Después, llegamos a la pregunta del millón: ¿Hay algo que podamos hacer para obtener eso? Si es que sí, hay que ponerse a trabajar. Si es que no, hay que hacer el ejercicio de aceptar la frustración, como si fuera un duelo a pequeña escala. En este caso suele funcionar trabajar para obtener algo parecido, pero asequible.

Por ejemplo: si envidiamos el dinero de otros, y eso nos amarga la existencia, tal vez es momento de plantearnos nuestro trabajo o nuestro concepto de la felicidad.

Suelta el apego por lo material

Sé que en nuestra sociedad es necesario poseer y lograr un montón de cosas, pero debemos darle su significado justo, no otorgarle un valor añadido que es casi mágico: «Tengo un coche mejor que el de mi vecino, por lo tanto, la gente me admirará más a mí».

El éxito o los logros de los demás no son cosa nuestra. Nuestra única competición es con nosotros mismos.

Ejercicio del día

Trabajando la envidia:

1. Piensa en lo que te dé más envidia del mundo. Puedo ser el éxito de una *celebrity* o de tu propio hermano, puedo ser la belleza de otra persona o el carisma de la nueva pareja de tu ex.

2. Ponte a trabajar en tu mejor versión en ese campo. Si envidias lo que otro disfruta con su dinero, dedícate a ser consciente de lo que tú puedes hacer con tu dinero bien gastado (puede ser, por ejemplo, hacer feliz a tu familia). Si envidias belleza, sácate partido aceptando lo que te gusta y lo que no de ti mismo/a.

3. Está comprobado que, en el momento en que empezamos a trabajar en nosotros mismos, con respeto en vez de frustración por lo que no tenemos, la envidia se debilita.

Libérate de los vampiros

Debemos aspirar a mantener relaciones sanas con las personas que nos rodean. Más allá de buscar gente de buena familia, nivel económico, profesión o clase social, hay que rodearse de personas positivas, leales y que sumen en vez de restar. ¿Cómo se logra eso cuando ya somos adultos y tenemos nuestro círculo social hecho?

Se logra expulsando a los vampiros. Porque, para que buenas personas entren y se queden en tu vida, las malas deben salir. Y ya sabes a qué personas me refiero: a la gente que siempre toma y nunca da. A los abusadores, a los tomadores (los *takers*, en inglés). A los que absorben tu energía y se benefician de tu generosidad. Por supuesto, no hablo de abandonar a un amigo que está pasando una mala racha y ahora necesita tu apoyo a cambio de nada, o de alguien que, de forma natural, depende de ti (tus hijos pequeños, por ejemplo). Hablo de adultos que sistemáticamente parasitan a la gente buena.

Dar puerta a la gente tóxica

Si quieres ser dueño de tu libertad y de tu futuro, debes soltar a los vampiros. ¿Quiénes son esos vampiros?

- La gente negativa.

- La gente posesiva.

- La gente envidiosa.

- La gente desafiante y conflictiva.

- La gente manipuladora.

- La gente trepa.

- La gente chismosa.

- La gente egoísta.

¿Cómo deshacernos de ellos? Hay varias formas, algunas son directas, otras son sutiles. Si no se puede cortar directamente (porque están en nuestra familia, existe un vínculo de dependencia, son nuestro jefe, etc.), hay que poner límites «invisibles». Por ejemplo: dejando de ser complacientes con ellos, distanciándonos emocionalmente, ampliando nuestro círculo, etc.

Si no podemos cortar la relación, es importante saber «soltar emocionalmente» para que no nos afecten sus actos, aunque sigan a nuestro lado. Aquí van algunos trucos:

1. **Con neutralidad emocional:** Algunas de estas personas buscan tu reacción emocional para engancharte. Hay que mostrarse neutro/a ante sus intentos de persuasión.

Eso se consigue reforzando nuestra seguridad en nosotros mismos y nuestras habilidades asertivas. También hay que prever conflictos, ya que esa gente, en cuanto sienten que pierden poder, atacan.

2. **Con poca información:** No des datos privados a esa gente sobre tus planes, tus sentimientos o tu forma de ver el mundo. Reduce las interacciones a conversaciones neutrales y no muestres tus emociones. Recuerda que cualquier cosa que digas en presencia de un manipulador, será usado tarde o temprano en tu contra.

3. **Dándoles la razón:** Esa gente suele ser infantil y consentida, y necesita tener siempre la última y verdadera palabra. No te empeñes en cambiarla. Dales la razón en todo lo que puedas y luego, discretamente, haz lo que tú consideres apropiado con tu vida.

4. **Con poco tiempo:** Procura estar siempre ocupado para esa gente. Sé un poco

exagerado si hace falta (tienes taaaanto trabajo que casi ni miras el móvil).

No te sientas culpable por usar estas tretas: Recuerda que no le debes nada a la gente tóxica.

Por último, evita el conflicto con ellos, pero estate preparado. Prepara la confrontación con tiempo, no caigas en sus provocaciones y no trates de ganarles: tu objetivo es sacarlos de tu vida, no hacerles terapia y que ellos vean que eres una buena persona que mereces respeto: ya lo saben y les da igual.

Ejercicio del día

Practicando la asertividad.

1- Te invito a que busques la Carta de Derechos asertivos de la psicóloga Olga Castanyer, una de las principales expertas en autodefensa emocional. Se trata de 17 derechos que aseguran el respeto a nuestras opiniones, deseos, necesidades emocionales, etc.

2- Estúdiate esos derechos y compáralos con las interacciones personales que tienes a tu alrededor con los miembros de tu familia, amigos, etc.

3- Traza un plan para hacer valer esos derechos emocionales. Empieza con algo fácil y ve ganando seguridad hasta llegar a tus peores vampiros.

Deja de sobrepensar

Últimamente se usa mucho el término *overthinking* para referirse a la tendencia a sobrepensar, es decir, a darle muchas vueltas a un tema o una preocupación. Sobrepensar no significa dedicar muchas horas a reflexionar acerca de un tema (como podría ser, por ejemplo, en alguna profesión que requiera investigación, deducción, análisis, etc.). Se refiere a dedicar mucho tiempo a pensar sobre algo de forma inútil y obsesiva.

Nuestra lógica nos dice que, si invertimos tres horas en pensar cómo solucionar un problema y encontramos una solución más o menos útil, si invertimos mil horas en vez de tres, la solución será mucho mejor. Estoy exagerando, pero con ello quiero evidenciar que esta lógica no puede aplicarse en estos casos: pensar mil horas sobre un problema no garantiza encontrar la solución. Al contrario: es el camino para la parálisis por exceso de análisis y la confusión.

El *overthinking* responde a una necesidad de control. No busca encontrar soluciones lógicas y prácticas que nos ayuden a tirar adelante: busca cómo obtener el dominio absoluto sobre situaciones que no podemos controlar, y tiene que ver con el miedo y la tendencia al perfeccionismo. Por eso no termina nunca.

¿Qué hay que hacer entonces? Dejar de pensar durante tantas horas y empezar a pensar mejor.

¿Cómo se piensa mejor?

Pensar bien no tiene que ver con el coeficiente intelectual de cada persona. Tiene que ver con saber detectar, por ejemplo:

- Cuándo estamos repitiendo los mismos pensamientos en bucle una y otra vez.

- Cuándo nuestras cavilaciones ya se han situado en el terreno de la fantasía.

- Cuándo estamos dando por supuesto cosas que ni siquiera sabemos ni podemos controlar.

- Cuándo estamos condicionando la solución a «prever el futuro».

«Sobrepensar me calma»

Cuando un paciente me dice que el hecho de darle mil vueltas a sus problemas le «da resultado» porque le calma los nervios, tengo que decirle que no es así: lo que sucede es que, al final, el cerebro termina tan agotado que da por buena cualquier solución. Entonces, creemos que sobrepensar ha dado resultado, pero no es así, todo lo contrario: el cerebro ha dejado de ser lógico y ya está aceptando cosas que al principio le parecían inviables. Está más confundido que otra cosa. Después, cuando el cerebro ya ha descansado y vuelve a la carga, se da cuenta de que aquello no encaja. Y empezamos a darle vueltas de nuevo.

Sobrepensar es un hábito destructivo

Se dice que hay 5 tipos de hábitos mentales inútiles, es decir, que no producen ninguna mejora en el problema. En los 5 existe la tendencia a sobrepensar, es decir, que sobrepensar es como el vehículo que nos lleva a ese callejón sin salida o a esa solución distorsionada que acabamos por aceptar. Suelen ser consecuencia de sobrepensar:

1. Los pensamientos que llevan a la indecisión perpetua por no estar nunca seguros de dar

el paso. Lo que llamábamos «parálisis por análisis».

2. Los pensamientos que desembocan en una elusión de responsabilidades o en una retahíla de excusas para no pasar a la acción.

3. Los pensamientos que desembocan en creencias acerca de nuestra insuficiencia, los que nos llevan a vernos como seres incompletos, ineficientes, etc.

4. Los que nos hacen preocuparnos en bucle por todo, borrando de nuestra vida la posibilidad de experimentar alegría o paz porque «todo está mal»; o, por el contrario, los que animan a abandonar porque «da igual, nada vale la pena».

5. Los que nos llevan a vivir siempre «fuera de nosotros», tratando de monitorizar a los demás, o viviendo una vida actuada donde nunca somos espontáneos.

La ley del 75% de probabilidades

Ante un problema al que no encontramos ninguna solución que nos convenza por muchas vueltas que le demos, hay que recurrir a la Ley del 75% de probabilidades. Esta ley anima a dar el paso cuando tengamos a partir del 75% de certeza de éxito. No el 100% que queremos, ya que eso no será nunca posible. Si, después de pensar mucho, creemos en nuestra solución en un 75%, hay que lanzarse.

Ejercicio del día

Buscar una solución:

1. Piensa en un problema que tengas y que no sepas cómo resolver. Observa las emociones que te genera.

2. Ponte una fecha límite para dejar de pensar en ello: puede ser dentro de una semana, de un mes, etc. Mientras tanto, puedes pensar en ello todo lo que quieras.

3. Cuando llegue la fecha acordada, quédate con la conclusión que más te convenza en ese momento y olvida todo lo demás. Escribe esa conclusión y comprométete con ella. Con la práctica, este ejercicio reducirá tu tendencia a pensar hasta el infinito.

Deja ir la ansiedad

Nuestro físico, nuestros errores, lo que sucede ante nuestros ojos y nuestras limitaciones nos provocan emociones continuamente. Aceptar cada una de ellas no significa que estemos encantados/as con sentirlas: significa aceptar que no somos dueños de nuestras emociones, solo de lo que hacemos cuando las sentimos.

Para qué sirve la ansiedad

La ansiedad no es exactamente una emoción, es más bien un conjunto de emociones unidas a reacciones fisiológicas (como la taquicardia), que forman un mecanismo de defensa. La ansiedad es nuestro instinto de supervivencia enviándonos mensajes de alarma. El problema viene cuando ese sistema de alarma ha sido *hackeado* y ahora envía señales continuamente, aunque no exista un peligro real.

Ante situaciones de ansiedad, muchos terapeutas dan recursos a sus pacientes para aprender a calmarla y lidiar con ella, en vez de ir al origen del problema. La ansiedad es una llamada de alerta. Si la ignoramos, irá a peor. En cambio, si la escuchamos, tratamos de entender lo que quiere decirnos y actuamos en consecuencia, desaparecerá.

Y ojo: cuando digo «actuar en consecuencia» no me refiero a evitar las cosas que nos producen ansiedad. Eso puede funcionar en un primer momento como «parche», pero luego termina limitando nuestra vida normal. Actuar en consecuencia es racionalizar el problema para eliminar los pensamientos distorsionados que se han generado en torno a cierta realidad. El objetivo es ir desmontando todo el sistema defensivo que hemos creado contra los peligros y que no está funcionando porque la actuación debe ir por otro lado.

Una persona que sufre ansiedad cuando no tiene un peligro real enfrente NO está loca. Al contrario, la ansiedad NUNCA es síntoma de locura: es síntoma de un sistema nervioso con MUCHAS GANAS de ayudarnos a superar los problemas.

El problema es que, de alguna manera, la ansiedad nos hace mirar hacia el horizonte equivocado: el peligro no viene por donde estamos mirando y vigilando.

Cómo entenderme con mi ansiedad

El tratamiento de la ansiedad da para un libro entero como mínimo, aquí solo le dedicaremos un apartado con indicaciones más básicas para hacerle frente.

1. Hablar con ella

Habla con tu propia ansiedad cuando la sientas. Pregúntale qué viene a decirte esta vez. Dile que lo entiendes y que estás trabajando en ello. Luego, invítala a que se vaya porque tú ya te haces cargo del problema: «Entiendo que hayas venido a alertarme, pero ya estoy al mando».

2. Demostrarle que podemos

La ansiedad es tu propia inseguridad diciéndote que no lo lograrás. No rabies por eso, recuerda que solo es tu cerebro tratando de protegerte. Busca maneras de obtener pequeñas victorias para demostrarte a ti mismo/a y a tu ansiedad que sí puedes.

3. Confronta la ansiedad con diagnósticos

A menudo la ansiedad viene disfrazada de paradas cardíacas o ataques de «locura». Para quitarle la máscara, ve al médico y obtén informes que demuestren que lo único que tienes son ataques de ansiedad y no un colapso o enfermedad real.

Ejercicio del día

Revisa tu ansiedad:

1- Recuerda la última vez que sentiste una ansiedad muy intensa, incluso un ataque de ansiedad o de pánico. ¿Recuerdas qué la desencadenó?

2- Viéndolo en perspectiva, ¿cuál crees que fue el motivo real de esa ansiedad? Ese motivo, ¿es un problema que sigue en tu vida? Si no es el caso, ¿crees que esos episodios de ansiedad te ayudaron a hacer algo para solucionarlo?

3- La próxima vez que tengas un pico de ansiedad, recuerda este caso anterior: si la ansiedad te sirvió para «pasar a la acción», no le temas esta vez porque viene a ayudarte. Si no te sirvió, no le hagas caso la próxima vez, porque ya sabes que desaparece.

Deja ir el dolor

«A menudo tenemos más miedo que dolor; y sufrimos más en la imaginación que en la realidad.»

—Séneca

Por desgracia, la vida también va de tristeza y de sufrimiento. Pero ocupan una parte de esa vida, no su totalidad. También deben dejar paso a la ilusión y a la paz mental.

La mayor parte de nuestra infelicidad es emocional. Y la mayor parte de ese dolor emocional es creación nuestra: tiene que ver con nuestro pasado, con nuestra frustración, con nuestra envidia, con nuestro auto concepto o con el miedo al futuro.

En todos esos puntos, la ausencia de paz es responsabilidad nuestra. No digo que nadie haya sido responsable de nuestro dolor: digo que, ahora mismo, somos nosotros los que tenemos la responsabilidad de actuar.

Si nuestros mínimos vitales están garantizados (recursos para vivir dignamente, salud, ausencia de violencia, reconocimiento de nuestros derechos, etc.), la paz está a nuestro alcance.

«¡Pero yo sigo siendo muy infeliz!», me dicen mis pacientes.

Estoy seguro de ello. No seríamos humanos si no sintiéramos dolor ante las desgracias propias o ajenas. De lo que no estoy tan seguro es de que sepas qué es la felicidad. Porque la felicidad es volátil, es personal y es muy influenciable. Hace diez años, soñabas con lo que tienes ahora. Ahora que lo tienes, no eres feliz porque quieres otra cosa.

En vez de enfocarte en el dolor que eso te produce, enfócate en los planes para conseguir lo que quieres y agradece lo que tienes.

Dar las gracias a pesar de los golpes

La mayoría de los golpes que superamos merecen más un agradecimiento por nuestra parte que una dosis de rencor. ¿Qué es lo que hay que agradecer? ¿Y a quién? Si un coche se salta un paso de peatones y me atropella, ¿debo darle las gracias? Si mi pareja me es infiel y me abandona, ¿debo agradecerle el golpe?

No. No debes agradecerle a los demás que te hagan daño. Te debes dar las gracias a ti mismo/a por tu forma de superar esos golpes:

- Por cómo te levantas cada día y luchas a pesar del sufrimiento.

- Por ser capaz de inspirar a otras personas.

- Por la aceptación que has demostrado pese a sentir que es injusto.

- Por no haberte enrocado en el victimismo y el «todo lo malo me pasa a mí».

- Por no haber aprovechado la oportunidad para sacar tajada del asunto más allá de lo que es justo.

- Por haberte enfocado en tu recuperación.

Ejercicio del día

Relativizar, un antídoto contra el victimismo:

1. Vamos a valorar nuestros motivos de queja y dolor comparándolos con los de otra gente. Haz una lista de las cosas por las que sufres actualmente.

2. Compara esos problemas con los que tiene otra gente, ya sea cercana a ti o desconocida. Pregúntate: ¿Cambiarías tu sufrimiento por el suyo?

3. Piensa si tu sufrimiento está en sintonía con el de la mayoría de la gente en este mundo. ¿Cuánta gente cambiaría sus problemas por los tuyos? Vuelve a esta reflexión cada vez que te recrees en la queja y el victimismo.

Suelta el terror a la soledad

El miedo a la soledad es tan humano como instintivo: su función es obligarnos a relacionarnos con semejantes para nuestro desarrollo como individuos y como especie. Es un miedo adaptativo que está presente desde los inicios de la humanidad y es sano tenerlo.

El problema aparece cuando ese miedo se convierte en una preocupación constante que nos conduce a adoptar conductas no naturales. ¿Cuándo termina el miedo adaptativo y empieza el miedo irracional? Cuando, por miedo, se toman decisiones que van en nuestra contra.

¿Qué esconde el terror a la soledad?

El caso del miedo a la soledad no es una excepción. Llega un momento en la vida en que a todos nos pasa por la mente una idea aterradora: la posibilidad de quedarnos solos y solas para siempre. Esa posibilidad nos genera un miedo tan aterrador que nos empuja a tomar decisiones impulsivas y perjudiciales.

En realidad, lo que revela ese miedo es la incapacidad de aceptarnos a nosotros mismos, ya que, si lo pensamos serenamente, NUNCA vamos a estar solos: siempre nos tendremos a nosotros mismos. Y ahí está el problema: que, si no nos queremos, no nos gustamos o no nos fiamos de nosotros mismos, vamos a preferir estar con cualquier desconocido antes que tomarnos tiempo en nuestra única compañía.

Es entonces cuando alargamos una relación tóxica para evitar el vacío de quedarnos solos; o alargamos diariamente la actividad fuera de casa con el fin de demorar al máximo el momento de volver al hogar por la noche; o creamos vínculos impulsivos que enseguida se vuelven dependientes hacia cualquier cosa o persona que nos evite los horribles ratos de la soledad.

¿Cómo soltar ese terror?

El miedo a la soledad o emerofobia es una fobia como cualquier otra y, como todas, trae consigo una buena dosis de catastrofismo y de miedo anticipatorio. ¿Qué hacer?

1. Aceptar que tenemos ese problema. Es decir: aceptar que somos capaces de hacer horas extras en el trabajo para no volver a casa más que para dormir; aceptar que preferimos establecer relaciones estériles con desconocidos antes que dedicar tiempo a conocernos a nosotros mismos, etc.

2. Tener muy claro que la soledad no es algo que «sucede». La soledad se combate cuidando nuestras relaciones sociales con honestidad y sin hacerlo pensando en una

«inversión» ni en lo que obtendremos a cambio.

3. Empezar a exponernos a pequeñas dosis de soledad controlada para comprobar que podemos con ello[5]. El objetivo es aprender a confiar más en nosotros para valorar e invertir mejor nuestro tiempo.

---

[5] En psicoterapia se suele diseñar un plan para la exposición gradual a la soledad de forma que la persona vea que no sucede nada de lo pronosticado. Ese tiempo se va alargando a medida que la persona adquiera confianza en su capacidad para superar dificultades que se puedan presentar estando sola.

Ejercicio del día

Tu Diario de la soledad:

1- Consigue un diario y conviértelo en tu Diario de la soledad: apunta los días que sientes más soledad, a qué horas, en qué circunstancias, qué pensamientos y emociones te genera, etc.

2- Apunta también los días que no sientes nada de tristeza asociada a la soledad y los motivos por los que crees que eso pasa; y también qué recursos usas para evitar la sensación de soledad.

3- Cuando lleves un tiempo, examina tu diario en busca de patrones, coincidencias, etc. Te sorprenderá ver que la soledad no siempre se asocia a estar físicamente solo/a. Con el tiempo, este diario te ayudará a reforzar tu autoconfianza y perder el miedo a estar a solas (contigo).

Suelta el terror al compromiso

Llamamos terror al compromiso al miedo a entregarnos de forma honesta a una relación a largo plazo, ya sea con una pareja, con un puesto de trabajo estable, con una comunidad, etc., que implica necesariamente una renuncia a las otras opciones disponibles.

Este miedo al compromiso proviene del conocido apego evitativo: las personas con apego evitativo no encuentran apoyo en otras personas. No gestionan bien la intimidad emocional y les cuesta construir relaciones sinceras. Todo ello se presenta vestido de un temor no realista a «perderse opciones mejores» por tomar la decisión equivocada y conlleva una conducta intermitente, donde los demás no saben si hay compromiso real, o no, o llegan a creer que el problema está en ellas.

¿Qué hacer?

Muchos psicólogos y terapeutas animan a tomar la decisión de comprometerse, acompañando sus consejos con técnicas que se supone que aliviará la ansiedad de los pacientes con terror al compromiso cuando la sensación de ahogo o de estar atrapado/a los invada.

El resultado suele ser desastroso: esa persona tarde o temprano se sentirá infeliz y hará sufrir a la gente que ha confiado en ella. Como consecuencia, si se trata de una relación de pareja, acabará en infidelidades o en relaciones estériles y sin un proyecto de futuro, siempre camufladas del «dejar fluir», «vivir el presente», etc., o de continuas rupturas y reconciliaciones.

Mi consejo es: no te comprometas mientras sientas esas ganas de salir corriendo a la mínima. No «pruebes suerte». No tomes esa decisión. ¿Por qué? Porque vas a terminar estafando a la gente que confía en ti. Y porque nuestra responsabilidad afectiva nos insta a no usar ni engañar a las personas.

Hay que ser lo suficientemente maduro/a como para no jugar con la ilusión de la gente que confía en tu compromiso y en tu palabra. Así que no engañes a las personas que se interesan por ti, no las uses como desahogo sexual ni les des migajas de tu amor a cambio de tenerlas ilusionadas. La responsabilidad afectiva es ofrecer exactamente lo que estés tomando a cada momento.

Así que, mientras no superemos ese miedo, debemos evitar ese compromiso. De acuerdo, pero ¿cuándo lo superaré?

Lo superarás cuando no te suponga ningún sacrificio renunciar a lo demás. Cuando, de hecho, estés deseando dar puerta a todo lo que no sea ese compromiso.

Lo primero es entender que no tomar una decisión voluntariamente ya es tomar una decisión. Lo segundo es preguntarnos para qué queremos ese compromiso. Porque sucede que, a menudo, simplemente nos dejamos llevar por lo que «toca» o «lo que hace todo el mundo». Y cuando nos dejamos llevar por las circunstancias, lo único que ocurre es que acabamos caminando sin rumbo.

No hay que «soltar el miedo al compromiso»: lo que hay que soltar es el miedo a no cumplir con las expectativas de los demás. Es mejor perder unos cuantos trenes que subirnos a uno y amargar la existencia a todos los viajeros.

Por último, cuando te plantees entregarte a alguien o a algo, deja de juzgar si es lo adecuado para ti y empieza a trabajar para que se a lo mejor posible. El resultado te sorprenderá.

Ejercicio del día

Comprométete contigo mismo:

1- Si sufres terror al compromiso, este experimento puede sorprenderte. Elige una de estas cosas con las que comprometerte: una planta o una pequeña mascota.

2- Adquiere esa planta o mascota y comprométete CONTIGO MISMO a hacerte responsable de su cuidado. Cumple tu palabra y esfuérzate por darle una vida feliz. Examina tus emociones a medida que pasan los días cuidándolas.

3- En todo el tiempo que te has esforzado por cuidar a tu planta o tu mascota, ¿has sentido terror al compromiso? ¿Has sentido que perdías el tiempo o que merecía la pena? Las respuestas a esto te guiarán en compromisos mayores.

Suelta el miedo al vacío

¿Sientes cierto vacío existencial? ¿Te preguntas a menudo por el sentido de la vida? ¿No entiendes por qué estamos aquí, en medio de un universo que no comprendemos? Es normal y es inteligente hacerlo. Pero dudo que obtengas una respuesta.

Preguntarnos o no por el sentido de la vida no tendría mayor problema si no fuera porque a mucha gente los desanima no saber cuál es el propósito de su existencia. Como puedes imaginar, yo tampoco tengo ni idea.

Tenerlo todo y no saber qué hacer

A menudo, me encuentro con clientes que son íntegros, es decir: cumplen las leyes, respetan a los demás, son buenas personas, tratan de tener éxito y de ser felices. Y aún así, se sienten tristes y vacíos. Cuando empiezo a hablar con ellos, antes o después me doy cuenta de algo: se sienten vacíos porque les falta sentido. Su vida transcurre sin propósito y, a pesar de ser personas buenas y válidas, viven como autómatas. Se sienten perdidos.

Está comprobado que las mayores dosis de felicidad proceden de los buenos resultados de nuestras propias acciones. Para ello, nuestras acciones deben responder a un fin mayor, a un objetivo vital, para que tengan sentido. Ese objetivo vital debe inspirarnos y motivarnos para levantarnos cada mañana y prepararnos para la lucha diaria[6].

Qué son los propósitos de vida

Los propósitos de vida son las misiones personales y voluntarias que nos ayudan a saber quién somos y cuál queremos que sea nuestro lugar en el mundo. Ellos guían nuestras decisiones y no pueden ser impuestos por terceras personas.

¿Qué tienen que ver esos propósitos con el vacío existencial? Que nos ayudan a hacer «nuestra parte del trabajo». Es decir: nos ayudan a hacer lo mejor que podemos hacer en un mundo que no comprendemos y que no nos da respuestas.

---

[6] El psicólogo Nathaniel Branden, pionero en el estudio de la autoestima, decía que uno de los siete pilares de la autoestima es vivir con propósitos, es decir: llenar nuestra vida con significado.

Déjame explicártelo con una breve fábula[7]:

Se dice que, hace mucho tiempo, se declaró un incendio en una selva. Todos los animales empezaron a huir en estampida sin pensar en nada más. Todos excepto uno: un pequeño colibrí que, en vez de huir, iba y volvía de un estanque cercano con unas gotitas de agua en su pico para tratar de apagar el incendio.

Un jaguar se dio cuenta al pasar por su lado y le preguntó qué hacía. El colibrí contestó que estaba ayudando a apagar el fuego. El jaguar se rio y le contestó: «¿En serio crees que con tu minúsculo pico vas a poder detener el fuego?». Y el colibrí le respondió: «Esta selva es mi hogar... Me alimenta, me da cobijo y me permite vivir. No sé por qué ni sé durante cuánto tiempo, pero ahora mismo es mi hogar. Y yo sé que solo no

---

7 Se trata de un cuento de tradicional guaraní, en Paraguay.

puedo apagar el fuego, pero estoy obligado a hacer mi parte».

Es normal hacernos preguntas acerca del universo en el que vivimos. Pero, si no obtenemos respuestas, es nuestra obligación moral hacer nuestra parte lo mejor que podamos.

Ejercicio del día

Visualiza tu camino:

1- Gandhi decía: «Yo sé que no puedo alanzar las estrellas, pero lo lógico es ir hacia ellas, no en sentido contrario». A pesar de no entender muy bien qué hacemos en este universo, debemos tener objetivos por los que luchar. ¿Los tienes tú?

2- Visualízate dentro de 10 años. ¿Vas bien encaminado? Visualízate con 90 años. ¿Te sentirás satisfecho/a? ¿Qué te habrá faltado?

3- En base a tus respuestas, plantéate si crees que necesitas hacer cambios respecto a tus propósitos de vida y si puedes soltar la incertidumbre existencial.

No te lo tomes personalmente

Te voy a contar un secreto: cuando alguien nos insulta, nos ofende, abusa de nosotros, etc., y lo tomamos de forma personal es porque, en el fondo, pensamos que tal vez el abusador tenga algo de razón. Y eso nos hiere profundamente. ¿Y quieres saber otro secreto? Hay más razones escondidas por las que nos tomamos las cosas personalmente, y todas ellas son dolorosas. Aquí van las más frecuentes:

1. Nos tomamos los abusos de forma personal porque, en el fondo, creemos que tal vez merecemos ese abuso *por ser como somos*. Y, como no es cierto, nuestro

sistema de autodefensa sale en forma de ira o tristeza.

2. Nos lo tomamos de forma personal porque esa crítica / abuso nos toca la fibra: experimentamos un *flashback* emocional que nos transporta directamente a otro lugar. Por ejemplo, a lo que nos solía gritar nuestro padre cuando nos reñía.

3. Nos lo tomas de forma personal porque creemos que estamos siendo discriminando respecto a otros. Es decir, nos ofendemos por una posible comparación negativa.

4. Nos lo tomamos de forma personal porque estamos siempre a la defensiva debido a una profunda inseguridad.

5. Nos lo tomamos de forma personal porque tenemos una visión poco realista

de nosotros mismos y los demás (eso sucede, por ejemplo, en el caso de personas con rasgos narcisistas que no soportan ser señalados).

¿Qué hacemos para dejar de tomarnos las cosas así?

Aprender a sacar conclusiones distintas a las que solemos sacar cuando nos hemos sentido atacados o señalados. Por ejemplo:

- Contemplar la posibilidad de que esa persona sí lleve razón en lo que dice, aunque tal vez no en las formas. En vez de enojarnos, empezar a trabajar para que eso que nos produce ese dolor o vergüenza desaparezca. No se trata de gustarle a la otra persona, sino de que ya no nos vuelva a afectar un comentario suyo porque esta vez estamos seguros de nosotros/as.

- Pensar que hay que gente que, simplemente, disfruta odiando y humillando. En ese caso, hay que parar las faltas de respeto, pero sin que nos afecte emocionalmente. Es mejor recurrir a un profesional (abogado, psicólogo, etc.), que enfrentarnos en una lucha que es desigual por su falta de empatía.

- Considerar que, tal vez, detrás del insulto o la falta de respeto puede haber envidia por su parte.

- Considerar que esa persona la ha «pagado con nosotros», pero que su abuso no era personal, simplemente, lo ha descargado en nosotros.

- Recordar que hay gente que abusa. A veces, lo podremos evitar, otras veces, no. La única razón por la que alguien abusa de nosotros es porque ese alguien es un abusador. Es posible que nos eligiera a nosotros porque teníamos la guardia bajada, o porque estábamos en desventaja respecto a otros. Pero esa no fue la causa del abuso. La causa del abuso es que esa persona es una abusadora.

A menudo se malinterpreta lo de no tomarlo de forma personal y se traduce por: «nada de lo que nos pase tiene ninguna importancia». Y no es eso en absoluto. Por ejemplo: si nuestra pareja nos deja por otra persona más atractiva, o con mejor estatus social, o lo que sea, lo tomamos muy mal (lógicamente), pero porque en el fondo pensamos que la otra persona es mejor. En vez de eso, podemos pensar que, simplemente, nuestra pareja necesitaba eso. Cada uno tiene sus necesidades. Otra persona nos necesitará a nosotros.

La pierna rota de Epicteto

Epicteto fue un esclavo de la Antigüedad que pasó a la historia por ser el divulgador del estoicismo. Los estoicos no tomaban nunca nada de forma personal. El siguiente es un ejemplo de ello:

Dicen las fuentes [8] que Epicteto tenía una cojera terrible. Y dicen, también, que esa cojera fue fruto de un castigo físico que su propio amo le infringió (recordemos que Epicteto nació esclavo, de hecho, su propio nombre significa «comprado» o «adquirido»).

Según esta anécdota, su amo se enfureció cuando Epicteto le dijo que nada podía perturbar su espíritu (o que el dolor no era un mal real, o que no podía afectarlo, depende de la fuente); así que empezó a retorcerle la pierna para infringirle el máximo dolor posible. Epicteto, que ya estaba muy entrenado en la práctica del estoicismo, permaneció impasible,

---

[8] Epicteto no dejó obra escrita, así que las fuentes siempre son de terceros.

soportando el dolor sin desesperarse ni gritar. Solo le advirtió: «La vas a romper». El amo de Epicteto siguió hasta que, por supuesto, le rompió la pierna. Y Epicteto, en vez de chillar o defenderse (lo que le habría supuesto una condena a muerte), solo dijo: «Te dije que me la ibas a romper. Ahora tienes a un esclavo cojo».

Epicteto se quedó cojo para siempre. Pero su actitud hacia ese hecho no cambió ni en ese momento ni en ninguno otro. No lo tomó como algo personal. Consiguió poner en evidencia que el que sí tenía ira y problemas personales era su amo, no él.

Ejercicio del día

Si se burlan de tu aspecto...

1- Imagina que alguien se burla de ti porque eres muy bajito... y es verdad. Te lo tomas muy mal. ¿Qué puedes hacer?

2- Lo primero, aceptar la realidad. Pero la realidad no es solo que eres bajito: la realidad es que hay gente que necesita burlarse de eso para sentirse superior.

3- Consigue que esa persona que se ha burlado sepa esa doble verdad: que ella necesita burlarse del físico de los demás para sentirse bien, y que eso evidencia una necesidad de admiración y poder enfermiza.

Deja el victimismo

La queja constante es la canción de cuna de los adultos: nos adormece y nos calma para que no hagamos nada.

¿Por qué nos quejamos tanto?

Instintivamente, nuestro sistema nervioso huye del dolor, tanto físico como mental. ¡Incluso huye de la pereza! Y el primer impulso, cuando no hay opción de huida, es la queja. Entonces, nos hacemos las víctimas, buscamos la compasión de los demás, inventamos excusas, etc.

La queja no cambia nada

Soy de los terapeutas que defienden el «derecho a la pataleta», es decir, el derecho a la queja en el momento y en su justa medida. Pero ya está.

Ante una injusticia, si realmente lo es, hay que pasar de la queja a la reivindicación. ¿Cuál es la diferencia? La queja es estéril, mientras que la reivindicación tiene un objetivo. Con la segunda se cambian las cosas. Con la primera, nos adormecemos.

Tenemos derecho a levantar la voz cuando hay motivo, pero debemos evitar el victimismo que, en el fondo, solo busca llamar la atención porque nos sentimos poco amamos o poco considerados.

Contra la queja, ¡acción!

Hay algo cierto: la gente que más se queja es la que menos hace. Cuanta más pereza, falta de motivación, hastío, procrastinación, etc., emana de una persona, más se queja por todo. Y, al contrario: cuanto más activa es una persona, menos tiempo y energía gasta en quejarse.

La solución pasa por autodisciplinarse y actuar.

¿Qué es la autodisciplina? La autodisciplina es la capacidad de dirigir nuestra voluntad hacia lo que consideramos correcto pese tentaciones, obstáculos, etc. Si tú eres de los que se quejan con facilidad, si te desmotivas enseguida, si eres demasiado indulgente contigo mismo/a... Aquí van diez cosas que puedes hacer para sustituir la queja por acciones:

1- Habla con tus propias quejas cuando las tengas. Pregúntales qué debería suceder para que desaparecieran y reflexiona sobre cuáles de esas cosas están en tu mano.

2- Relativiza tus problemas con las situaciones de otra gente en el mundo.

3- Compara el motivo de la queja con otras cosas mucho peores que has tenido que soportar.

4- Suprime todo lo que pueda suponer una tentación para quejarte o rendirte, por ejemplo, esa persona con la que enseguida os ponéis a quejaros de todo.

Recuerda que eres mucho más fuerte de lo que tu propia resistencia quiere hacerte creer.

Ejercicio del día

Quéjate hasta que te de vergüenza:

1. Esta técnica consiste tomar conciencia de lo ridículas que pueden sonar a veces nuestras quejas. Consiste en observarnos durante un rato hasta que algo nos moleste y tengamos ganas de quejarnos.

2. Entonces, pasarnos el resto del día o todo el día siguiente quejándonos de esa cosa, a conciencia y deliberadamente, hasta que nos de hasta vergüenza.

3. Este ejercicio tiene por objetivo ser conscientes de lo absurdas e inútiles que son a veces nuestras quejas.

DÍA 29

¿Qué harías si no tuvieras miedo?

Suelo hacer esta pregunta a la gente que vive asustada por todo. Sus primeras respuestas son impulsivas y se sitúan en uno de estos dos extremos: o bien son disparatadas («le quemaría el coche mi jefe»), o bien son extremadamente prudentes («supongo volvería a solicitar un aumento de sueldo»). Tras varias respuestas del mismo estilo, empiezan a aparecer sus verdaderos deseos y necesidades. Entonces la gente se atreve a responder en serio: «Si no tuviera miedo, le diría a mi pareja que no quiero seguir trabajando en su empresa familiar». «Si no tuviera miedo, me mudaría a otro país». «Si no tuviera miedo, le propondría a esa persona salir a cenar».

Si lo que queremos o necesitamos es justo y es algo bueno para nosotros y no nos atrevemos a ir tras ello, hay que trabajar ese miedo. No siempre podremos cumplir todos nuestros sueños. Y no siempre, por el simple hecho de saber a qué le tenemos miedo, todo se solucionará. Pero tenerlo claro sí ayuda a ver opciones.

4 pasos para afrontar el miedo

1. Identificar el miedo. Detectar qué lo produce (situaciones, pensamientos) y entender su funcionamiento. Pensar qué tendría que pasar para que ese miedo desapareciera (por ejemplo, que tal persona no se decepcionara al decirle algo).

2. Hacer especulaciones sobre las creencias y las conductas de evitación que adoptamos

mediante preguntas del tipo: «¿qué pasaría si...?».

3. Exponerse al miedo progresivamente. Establecer pequeños retos e ir ampliándolos a medida que se logren.

4. En paralelo, ir ganando confianza en otras áreas de nuestra vida para aumentar la seguridad en nosotros mismos a la hora de enfrentarnos a «la bestia».

Ejercicio del día

¿Qué harías este año si no tuvieras miedo?

1- Piensa en algo que harías en los próximos meses si no tuvieras miedo. Por ejemplo, si te aterra volar, piensa en ese viaje que te encantaría hacer, pero que requiere tomar un avión.

2- Piensa en todo lo bueno que te pierdes, no solo en términos de placer y disfrute, sino también en crecimiento personal. ¿Qué pensarías de ti mismo/a si superaras ese miedo?

3- Intenta superar el miedo. Tal vez no sea el momento, tal vez necesites ayuda profesional, pero comprométete a seguir trabajando en ello si no lo logras esta vez.

Sigue tu instinto

Y hemos llegado al final de nuestro *bootcamp*. ¡Fin del libro! ¿Cómo ha ido? Espero que esta lectura te haya sido útil.

Por mi parte, como siempre hago al final de mis libros, debo felicitarte. Te has tomado la molestia de llegar hasta aquí, y sé que quieres adquirir el compromiso, si no lo has hecho ya, de empezar a soltar cargas emocionales, miedos y pensamientos no adaptativos. Es lo mejor que puedes hacer. Así que ENHORABUENA.

Queda camino por recorrer, pero tú ya has empezado. De hecho, el camino que empieza ahora es el más emocionante: te llevará a encontrar la mejor versión de ti mismo/a. Y te aseguro que esa versión es espectacular: es más libre, más feliz, más inspiradora para la demás gente, vive más plenamente y se siente en paz.

Piensa en todas las cosas que te gustaría conseguir, en tus proyectos de futuro y en lo libre que volarás en cuanto seas consciente de las cargas que puedes soltar.

Junto a ello, antes de despedirme, quiero darte algunos consejos finales:

- No intentes soltarlo todo de un día para el otro. Las cosas requieren tiempo, y es mejor esperar al siguiente tren tener que hacer marcha atrás.

- Deja de sufrir por el qué dirá la gente, por el pasado o por el futuro: ya lo has hecho bastante, ahora céntrate en tus objetivos ¡y abandona lo que te impida crecer!

- Comprométete con la honestidad contigo mismo/a y deja de ser bueno/a o «normativo/a» por obligación.

- Sé valiente. No dejes que nada ahogue tu coraje.

- Conviértete en alguien que valga la pena por sus valores, por sus objetivos, por su amor y generosidad, y cierra la puerta a quien no lo comparta.

Espero que llegues muy lejos en tu proceso de liberarte del lastre que arrastras.

Ya te lo dije en la introducción: ¡suelta lastre y podrás volar!

Un abrazo

Daniel

Tu opinión es muy importante

Como autor independiente que soy, tu opinión es muy importante para mí y para futuros lectores como tú. Te estaría enormemente agradecido si me dejases **un comentario** en tu plataforma favorita diciéndome qué te ha parecido mi libro **para así poder seguir mejorándolo**:

- ¿Qué es lo que más te ha gustado?

- ¿Hay algo que hayas echado en falta?

- ¿A quién se lo recomendarías?

- ...

¡Un regalo solo para ti!

¿Te gustaría leer **mi próximo libro completamente GRATIS**? ¡Escanea el código que aparece debajo y **apúntate a mi club de lectores**!

Te esperan grandes sorpresas: sé el primero en leer mis nuevos lanzamientos, escucha mis audiolibros de forma gratuita, consigue copias firmadas y dedicadas... ¡y mucho más!

Otros libros de Daniel J. Martin